스트레스는
나의 힘

스트레스는 나의 힘

장현갑 지음

불광출판사

당신의 이해를 넓혀줄 내용은 청색으로
당신의 실천을 높여줄 내용은 황색으로 표시되어 있습니다.

책머리에

현대인의 심리적 특징을 한마디로 표현하면 '바쁘다'로 요약할 수 있다. 예를 들면 사업business을 하는 사람들은 늘 바쁘다busyness고 한다. 할 일이 많아서 바쁘면 얼마나 다행일까? 하지만 실상 막연한 무언가에 쫓기고 있어 바쁘다고 하는 경우가 많다. 사람들은 대부분 딱히 할 일이 있어 바쁘다기보다는 쫓기는 그 무엇으로부터 달아나기 위해 바삐 서두르기 때문에 바쁘다고 느끼는 것이 아닐까?

쫓기는 사람은 늘 긴장상태에 있게 된다. 자기 삶의 진정한 주인공이 되지 못한 사람은 늘 불안함을 느끼고, 이 불안감으로부터 피하기 위해 돈이나 권력 같은 무기를 찾아 나선다. 하지만 이 얻기 어려운 무기를 얻었다 하더라도 이 무기는 자신을 지켜주기는커녕 오히려 내면에 상처를 주는 흉기로 둔갑해 버리기도 한다. 내면에 남은 이 상처는 더욱 큰 불안을 야기하고, 이런 불안을 떨쳐내기 위해 더욱 분주하게 또 다른 무기를 찾아 나서게 된다. 이런 악순환은 삶의 활력과 안정감을 앗아가 사람을 우울하게 만들고, 마침내는 탈진하여 병들게 한다.

끝없는 쫓김, 그 악순환의 고리는 이렇게 우리 삶을 행복과 건강으로부터 멀어지게 한다. 그러므로 우리는 이 쫓기는 느낌, 불안, 스트레스에서 멀어지는 것이 건강과 행복에 가까이 가는 길이라는 것을 알게 된다. 과연 무엇이 그 길로 우리를 이끌 것인가?

권위 있는 보고에 의하면 오늘날 병원을 찾는 외래환자의 80퍼센트 정도는 스트레스에 만성적으로 노출되어 병이 생긴 스트레스 관련 환자라고 한다.

2006년 한국인의 사망 원인은 암[27퍼센트], 심장병 그리고 뇌졸중을 포함한 순환기 질병[23퍼센트]이 50퍼센트를 넘는다. 미국의 경우 순환기 질환[35퍼센트], 암[23퍼센트] 순이다. 순환기질환과 암은 대표적인 스트레스 관련 질병으로 오랜 기간 잘못된 생활습관을 고치지 못하거나 스트레스에 효율적으로 대처하지 못해 생기는 병이다. 따라서 스트레스나 불량한 생활습관은 만병의 근원인 동시에 우리의 삶을 얼룩지게 하는 어두운 그림자인 것이다.

필자가 스트레스와 건강의 관계를 전문적으로 연구하게 된 것은 1960년대 후반부터다. 당시 필자는 뇌과학을 전공하기 위해 의과대학 생리학 교실과 약리학 교실에서 동물을 대상으로 뇌의 스트레스 메커니즘을 찾는 실험에 참가하였다. 그때 필자는 스트레스에 관련하는 뇌의 기제로서 변연계 기능에 관한 생리학적 탐색과 변연계 작용의 약리학적 과정을 밝히는 기초연구에 참여하였다. 사람을 대상으로 스트레스 대처프로그램을 개발하고, 임상에 적용하는 응용연구는 1990년부터 지금까지 20여 년에 걸쳐 진행했다.

이 책은 지난 20년간 사람을 대상으로 한 스트레스 대처 연구의 임상적 경험과 효과를 정리한 것이다. 이 책에서는 스트레스에 대한 이해, 스트레스에 효과적으로 대처하기 위한 각종 방법들, 나아가 스트레스 대처 프로그램을 활용한 이완법과 명상법의 과학적 근거, 그리고 프로그램을 활용하기 위한 방법 등을 다루었다.

특히 이 책에서 스트레스 대처 방법으로 강조한, 이완법과 명상법은 세계 유수의 의료기관에서 스트레스에 대처하고 만성병을 치료하기 위해 채택하고 있는 방법이다.

이완법은 집중명상의 하나로 하버드 대학 부속병원에서 1975년부터 도입하여 널리 활용하는 방법이고, 마음챙김 명상법은 통찰명상의 하나로 매사추세츠 대학병원에서 1979년부터 도입하여 활용하고 있는 방법이다. 이제 이 두 명상법은 전 세계적으로 스트레스 관련 질병의 치료와 예방에 가장 권위 있는 방법으로 널리 활용되어 진가를 발휘하고 있다. 이완반응 명상법을 도입한 벤슨 박사는 현대의학의 성웅Saint Soldier이라는 칭호를 받을 정도로 기념비적인 인물이며, 마음챙김을 도입한 존 카밧진 박사는 오늘날 심리치료계의 새물결을 일으킨 장본인이다. 지금 미국의 임상심리학계와 정신치료계에서는 마음챙김 명상치료법이 '심리치료의 제3의 물결'이라 불릴 정도로 대유행이고, 임상심리 전문가의 42퍼센트 이상이 마음챙김을 임상치료에 활용하고 있을 정도이다.

이 책을 쓰는 데 많은 사람의 도움을 받았다. 가장 먼저 감사드려야 할 사람은 지난 몇 년간 이 프로그램에 참여하여 소중한 경험과 지혜를 나누어 주신 많은 참여자들이다. 특히 필자를 믿고 성실하게 따라 실천해 주신 환자 여러분들의 노력 덕분에 이 프로그램이 더욱 발전할 수 있었다. 머리 숙여 감사드린다. 또한 이 프로그램에 참여하여 일정 기간 수업을 받고, 정기 훈련에 계속 참여하여 명상치유전문가가 되신 수많은 동료들의 후원 또한 잊을 수 없다. 물론 한국명상치유학회를 만들어 이끌어 주신 정애자 현 학회장과 이봉건 전임 학회장을 비롯하여 많은 이사 여러분들의 도움 또한 잊을 수 없다. 마지막으로 이 책을 출판하도록 힘을 더해 주신 불광출판사의 류지호 주간님과 이상근 팀장님, 그리고 영남대학교 심리학과 정봉교 교수와 동국대 불교학과 안양규 교수를 비롯하여 평소 애정으로 지켜보고 격려해 주신 교수 여러분과 학생들의 관심과 따뜻한 배려에도 고마운 마음을 표하고 싶다. 많은 시간 애써 원고를 정리해 준 영남대 심리학과의 김지연 선생과 정성을 들여 부드러운 문장으로 다듬어준 아내 조미향 선생에게도 진심으로 감사드린다.

언제나 나를 지켜주고 격려를 아끼지 않는 사랑하는 자식들 주영, 문선, 영서, 미수에게 고마움을 표한다.

2010. 6. 1 장현갑

 스트레스는 나의 힘

2장 ... 마음이 지닌 치유의 힘

3장 ... 마음과 몸의 평화 ; 이완반응

7장 ... 브레이크 아웃

8장 ... 명상을 통한 심신 치유 ; 웰빙의 세계

1장
스트레스, 상식과 진실 사이

1

스트레스는 삶의 양념
| 스트레스와 수행능력의 상관관계 |

스트레스 stress 과잉의 시대다. 우리의 마음에 긴장이나 장애가 발생할 때 우리는 그곳에 스트레스라는 딱지를 붙이지만, 현대를 살아가는 사람에게 이것을 피해갈 수 있는 방법은 없다. 하지만 스트레스는 삶의 양념이다. 양념이 너무 진해도, 아니면 너무 약해도 제 맛이 나지 않는 것처럼 삶의 스트레스도 적당할 때 성장을 위한 비료가 된다.

일반적으로 스트레스는 삶을 괴롭게 하는 부정적인 압력 불쾌한 일 이나 사건을 말한다. 하지만 스트레스에 대한 지각은 사람마다 다르다. 이것 때문에 스트레스를 정의하는 일은 곤혹스러운 일이기도 하다. 예컨대 어떤 시간까지 끝마쳐야 할 일을 두고 A는 몹시 불안해하고 안절부절하지만, B는 신바람이 나고 의욕을 솟구치게 하는 도전거리를 만났다고 기뻐한다. 어떻게 하면 B처럼 일거리를 앞두고 신바람 나고 의욕에 차 도전적 태도가 될 수 있을까?

20세기 후반, 스트레스를 처음 과학적으로 연구한 저명한 내분비학자 한스 셀리Hans Selye 박사는 "스트레스란 삶에 도전적인 것challenging이고 삶에 유용한 것useful"이라고 했지만, 스트레스가 만성적으로 오래 작용하거나 지나치게 많이 작용하면 몸이 더 이상 이겨내지 못해 병이 생긴다고 했다. 하버드 대학 생리학자 여키스Robert Yerkes와 닷슨John Dodson 또한 스트레스와 불안은 어느 정도까지 증가할 때는 수행능력과 효율성이 증가하지만, 어느 선을 넘어서면 수행능력과 효율성이 오히려 감소하기 시작한다고 했다. 그래서 이 두 과학자는 스트레스불안와 수행능력효율성 사이에는 아래의 그림과 같은 관계성이 형성된다고 하였다.

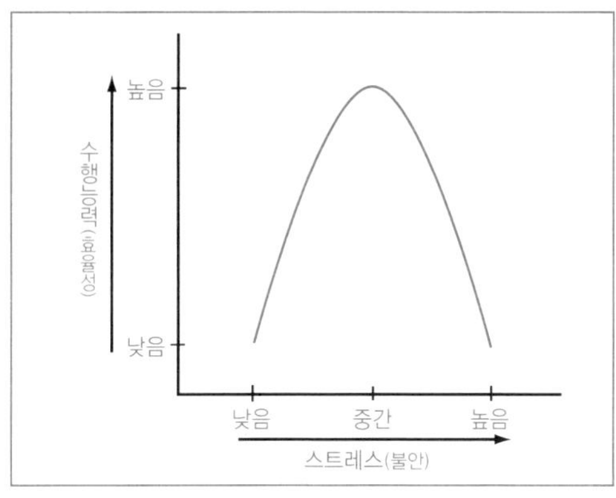

【 그림 】
여키스와 닷슨의 스트레스와
수행능력 간의 법칙

앞의 그림에서 볼 수 있는 것처럼 스트레스나 불안이 지나치게 낮거나 높을 때는 수행능력이나 효율성이 낮고, 중간정도일 때 수행능력과 효율성이 최고의 상태로 양호하게 된다. 따라서 작업 장면에서 스트레스가 너무 없어도, 너무 많아도 생산성과 효율성이 떨어진다. 적절한 스트레스를 부과하면 최고의 생산성과 효율성이 따른다. 이 법칙은 스트레스와 건강과의 관계에서도 그대로 입증된다. 즉 스트레스가 너무 적은 단조로운 상태나 너무 극심한 상태에서는 건강에 이상이 생기지만, 적절할 때는 신바람이 나고, 건강하고, 행복해진다.

2

스트레스에 강한 사람
| 도전, 통제, 몰입 |

여류 심리학자 수잔 코바사 Suzanne Kobasa 박사는 스트레스에 강인한 특성을 가진 사람들을 발견했다. 그녀는 스트레스가 극심한 맨해튼에서 사업에 성공하면서도 건강한 CEO와 사업에 성공하지 못하고 불건강한 CEO의 특성을 서로 비교하였다. 성공하면서도 건강한 CEO는 스트레스가 심한 직장생활에서도 질병에 잘 걸

리지 않을 뿐 아니라 결근도 잘하지 않았는데, 코바사는 이런 CEO의 특성을 '스트레스 강인성 stress hardiness'이라고 명명했다.

그녀는 스트레스 강인성을 가진 CEO는 통제감 Control, 도전감 Challenge, 그리고 몰입감 Commitment 이란 3C를 갖는 특징이 있다고 했다. 즉 이들은 스트레스를 위협적인 것으로 보지 않고 의욕을 부추기는 도전으로 보고, 삶 속에서 발생하는 사건들을 적절하게 통제할 수 있는 것으로 보며, 직장 일이나 가족 일에 적극적으로 참여하여 몰입한다. 이런 특징을 가진 사람들은 열정을 갖고 삶을 살아가며, 자기가 하는 일에 몰입되어 있으며, 새로운 일에 직면하여 기꺼이 배우려 하는 신선한 마음으로 충만하여 있다. 이런 사람은 일에 압도되지도 않고, 지치지도 않고, 언제나 활기가 넘치는 긍정적인 태도로 삶을 살아가는 사람들이다.

도전감을 즐기는 사람들은 불확실하게 보이는 미래를 개인의 성장을 이룰 수 있는 절호의 기회로 본다. 통제감을 갖고 있는 사람은 자신의 운명을 결정할 수 있는 일을 스스로의 책임 하에서 임의로 선택할 수 있는 것으로 본다. 또한 몰입감을 갖고 있는 사람은 자기가 관여하는 일에 강한 호기심과 흥미를 갖고 전심전력을 다해 몰입한다. 스트레스에 강인한 3C의 특성을 가진 사람은 일을 앞두고 긍정적이고 활기차고, 신바람 나 있는 것이다.

하버드 대학의 허버트 벤슨 Herbert Benson 박사는 코바사 박사가 명명한 3C에다가 인간관계 장면에서나 남을 도와주는 장면에서 친밀감^{Closeness}까지 갖고 있는 사람을 더하여 '4C'라 불렀다. 3C 또는 4C를 갖춘 사람이 규칙적으로 운동이나 명상까지 한다면 스트레스를 보다 잘 대처할 수 있어 질병에 걸릴 위험률이 줄어들고 하는 일마다 성공할 확률은 더욱 높아진다.

하버드 의대의 정신과 교수로서 하버드 경영대학원에서 정신건강을 강의했던 배리 그래이프^{Barrie Greiff} 박사는 인생을 긍정적으로 살아가는 사람들의 특성에 대해 연구해 보았더니, 이른바 '성공의 5L^{five Ls of success}'이라는 특성이 있음을 발견했다. 그가 말하는 행복과 건강과 관련 있는 5가지 L 성공인자란 다음과 같다.

첫째, 학습^{Learn} 인자. 학습은 일상적으로 경험하는 일에 마음이 열린 채 언제나 새로운 것을 배우려는 기회를 갖게 된다.

둘째, 노력^{Labor} 인자. 노력은 자기를 만족시키거나 자신의 삶에 의미를 주는 것을 적극적으로 찾으려 한다.

셋째, 사랑^{Love} 인자. 사랑은 기꺼이 줄 수도 있고, 받을 수도 있고, 인정할 수도 있는 열린 마음을 갖게 한다.

넷째, 웃음^{Laugh} 인자. 웃음은 자기 자신에게나 남에게나 기쁨을 줄 수 있다.

다섯째, 내려놓기^{Let go} 인자. 이것은 반드시 해야 된다고 하는 강박감을 내려놓을 수 있고, 통제 불가능한 것도 내려놓을 수 있어 매사에 복잡하게 얽매이지 않고 자유로운 사람이 되도록 한다.

이렇게 '성공의 5가지 L'의 태도를 지니면 삶은 보다 쉬워지고, 건강하고, 신바람 나고 자유로워진다.

자, 바로 지금 당신 앞에 일어날 어떤 새롭고 멋진 일을 한번 상상해 보라. 이 멋진 일이 반드시 엄청난 일일 필요는 없다. 언제나 흔히 일어나는 일로, 예컨대 새벽하늘의 일출일 수도 있고, 미소 짓고 웃는 아기의 모습일 수도 있고, 새롭게 피어나는 예쁜 꽃일 수도 있고, 지저귀는 새소리일 수도 있고, 저녁의 석양일 수도 있다. 하루를 마감하는 저녁에 오늘 일어난 일들을 회고해 보자. 골치 아팠던 불쾌한 일들은 잘 회상되는데, 좋은 유쾌한 일들은 잘 회상되지 않는다. 이제부터는 불쾌한 일들을 회상하는 대신 즐거운 일을 되노록 낳이 회상하는 태도로 바꾸어 보자. 기억의 창고 속에 좋은 기억으로 채우고 좋은 기억을 자주 불러내는 마음의 훈련을 해 보자. 이런 훈련을 하면 우리의 두뇌는 기쁨을 담는 긍정적 회로로 바뀔 것이고, 인생도 긍정의 궤도 위에서 성공적으로 전개될 것이다.

❸
스트레스가 주는 몸과 마음의 변화

스트레스는 신체적으로나 심리적으로 위협받을 수 있다는 지각 perception 에서 비롯된다. 다시 말해 다가오는 위협에 잘 대처할 수 없다는 두려운 마음이 스트레스이다. 비록 스트레스를 야기하는 상황을 바꿀 수 없다 하더라도 스트레스에 대한 지각은 바꿀 수가 있고 또 그 상황에 보다 적절하게 대응하는 반응 또한 임의로 선택할 수 있다.

스트레스와 같은 위기 시에 반응하는 생리적 반응은 생존을 위해 지극히 중요한 것으로, 시상하부라는 뇌의 특정한 부위에서 교감신경계를 작동시켜 부신이라는 내분비선에서 에피네프린과 노어에피네프린, 그리고 코티솔이라는 스트레스 관련 호르몬을 분비시켜 비상체제로 돌입할 때 일어나는 반응이다.

이런 일이 일어났다고 상상해 보자. 당신이 지금 횡단보도를 무심코 건너가고 있을 때 차 한 대가 당신을 향해 돌진해 오고 있는 것을 보았다고 하자. 이때 당신의 뇌는 이 사태를 보고 위협적인 것으로 해석하면서 뇌의 시상하부가 부신에게 에피네프린을 내려놓도록 황급하게 명령을 내린다. 이때 분비된 에피네프린은 심장박동, 혈압, 호흡률과 신진대사를 높이고 또 근육 쪽으로 혈액의 흐름을 증가시켜 이런 위험 상태로부터 재빨리 피할 수 있도록 해 준다. 재빠른 동작 끝에 일단 위험으로부터 벗어나게 하는데 에피네프린이 유용하게 활용되었다. 그러고 난 후 안도의 한숨을 쉬고 나면 에피네프린은 더 이상 필요가 없으므로 정상 수준으로 돌아가기 때문에 심장박동, 호흡, 혈압 등도 정상으로 돌아가게 되어 안심하고 갈 길을 계속 걸어가게 될 것이다.

그러나 오늘날은 이러한 위급한 스트레스 사태가 수시로 발생하고 있다는 데 문제가 있다. 인간관계에서, 직장생활에서, 가정생활에서 또는 경제 문제 등에서 수없이 많은 예기치 않은 골치 아픈 일들이 연속적으로 발생되고 있다. 이럴 때마다 에피네프린은 쉴 틈 없이 분비되므로 과민한 신체반응은 계속 일어나고 있다.

예컨대 당신이 어떤 중요한 일로 급히 가고 있는데, 시간이 늦어 마음속으로 초조하다. 그런데 더 나쁜 것은 교통 체증이 심해 매연을 뿜어내는 자들 속에 끼어 있다. 이런 상황 하에서 당신의 뇌는 "늦었어, 큰일 났어, 빨리 가야 돼."라고 하는 긴급한 메시지를 계속하여 부신에 내려 보내게 되므로, 에피네프린 분비는 더욱 증가하게 되어 화가 치밀어 오른다_{공격반응}. 그러나 이런 상황에서 화를 내 봐야 무슨 소용이 있겠는가? 분비된 에피네프린은 혈류를 따라 돌면서 혈압, 맥박, 호흡 등을 계속 올리기만 하니, 화만 더욱 키울 뿐 과잉 분비된 에피네프린을 소모할 길이 없다. 막힌 길이 뚫려

차가 빠질 때까지 10분이 걸릴지, 30분이 걸릴지 당신의 마음은 그 시간 동안 분노로 가득 차고, 당신의 몸은 에피네프린에 의한 교감 신경계의 과잉반응으로 난리를 부릴 뿐 어쩔 수가 없다.

이런 불쾌한 스트레스에 오랜 기간 동안 노출되면 여러 가지 신체 증후가 발생되고 또 이미 가지고 있는 질병들이 더욱 악화된다. 스트레스가 우리의 몸에 나쁜 영향을 끼치듯 우리의 감정, 사고, 그리고 행동에도 나쁜 영향을 미친다. 스트레스에 직면하게 되면 우리는 불안을 느끼고, 무력감에 빠져들고, 압도되는 느낌을 갖게 되고, 화가 나게 된다. 또한 사고의 스타일도 영향을 받게 되어 마음을 집중할 수 없고, 명료하게 생각하기 힘들고, 어떤 결정도 잘 내리지 못해 우유부단하게 된다. 스트레스를 받으면 담배를 많이 피우게 되고, 불량한 음식을 먹게 되고, 술도 더 자주 마시게 되는 등 건강에 좋지 못한 나쁜 행동들을 되풀이한다.

4

우리가 꼭 알아야 할 스트레스 사이클

| 스트레스 경고 신호 |

일상에서 하찮아 보이는 짜증스런 일들을 경험하는 가운데 스트

   스트레스는 나의 힘

레스는 점점 더 쌓여간다. 하찮아 보이는 짜증스런 일들이 쌓여가는 것을 부정적 스트레스 사이클negative stress cycles이라 부른다. 스트레스로 느껴지고 위협적으로 지각되는 부정적 사건은 신체적·심리적 증후를 야기하고, 이런 증후들이 다시 스트레스를 키우게 된다. 그러므로 부정적 사이클이 계속 돌아가면서 증후를 더욱 악화시키게 되고 악화된 증후는 다시 스트레스를 키우게 된다.

부정적 스트레스 사이클을 차단하기가 쉽지는 않지만 이 사이클을 피해가기 위한 좋은 방법이 있다. 그것은 처음부터 이 사이클에 붙잡혀 들지 않는 것이다. 그렇게 하기 위해서는 먼저 증후를 키우는 원인이 되는 스트레스 경고신호를 먼저 찾아내는 것이다. 이 경고신호에 주의를 기울여 보면 사이클이 막 시작되는 시기를 알아낼 수 있고, 바로 이때 효과적인 예방 전략을 선택할 수 있다. 스트레스 경고신호는 사람마다 제각기 다르다. 그러나 뒤에 제시한 일람표는 공통적인 스트레스 경고신호이다. 당신의 경우 어떤 경고신호가 자주 나타나는지 한번 체크해 보라.

스트레스 경고신호

| 신체 증후 |

____ 두통

____ 소화불량

____ 복통^{위가 아픔}

____ 손바닥의 땀 분비

____ 수면 곤란

____ 현기증

____ 요통

____ 목이나 어깨가 뻣뻣해짐

____ 심장의 두근거림

____ 안절부절

____ 피로감

____ 귀에서 소리 남^{이명}

| 행동 증후 |

____ 흡연의 증가

____ 거드름 피움^{잘난 체함}

____ 강박적인 껌 씹기

____ 남을 비난 · 비평하는
태도가 늘어남

____ 수면 중 이빨 갈기

____ 음주 과다

____ 강박적인 음식 먹기

____ 하던 일을 끝내지 못한다.

| 정서적 증후 |

____ 자주 울기

____ 소심해지고 불안함

____ 권태감 – 매사가 귀찮다.

____ 폭발 직전의 위기감

____ 변화하고 싶은 의욕의 상실

____ 압박감에 사로잡힘

____ 분노감

____ 외로움

____ 이유없이 불행감을 느낌

____ 쉽사리 동요함

| 인지 증후 |

_____ 명쾌하게 사고하기 어려움   _____ 결정을 못 내림

_____ 건망증   _____ 가출하고 싶은 생각

_____ 창의성의 결여   _____ 걱정의 지속

_____ 기억상실   _____ 유머감의 상실

당신의 경우, 위의 여러 증후들 가운데 스트레스를 받았을 때 가장 잘 나타나는 증후가 무엇인지 모두 체크하십시오. 체크된 것들이 당신의 스트레스 경고신호입니다.

【 **연습과제 1-1** 】 스트레스 경고신호 확인해 보기

—

한번 따라해 보십시오.

하던 일을 일단 멈추고, 몇 번 호흡을 깊이 들이키면서 몸을 살펴보십시오.

혹시 몸의 어떤 부위에 긴장감이 느껴집니까?

신체의 자세는 어떠합니까?

마음속에 일어나고 있는 생각을 한번 살펴보십시오.

스트레스 경고신호 중 어떤 증후들이 주로 느껴집니까?

그런 증후들이 지난 몇 달 동안 계속 지속되었습니까?

—

부정적 스트레스 사이클에 빠져 드는 것을 방지하기 위해서는 가능한 한 일찍 스트레스 경고신호를 찾아내어야만 한다. 이것이

최선의 예방이고 치료이기 때문이다.

5
스트레스, 상식과 진실 사이
| 스트레스에 대한 잘못된 통념 다섯 가지 |

통념이란 확실한 근거 없이 아예 그것은 사실이며 또는 당연히 그럴 것이라고 믿어 버리는 생각을 말한다. 이 통념은 비록 비과학적이지만 그럴싸한 의미가 있어 보이는 것인데, 그 이유는 나 자신은 물론 다른 사람도 그럴 것이라고 믿고 받아들이기 때문이다. 그러나 이러한 통념을 여과 없이 무조건 받아들인다는 것은 현명하지 못하다. 스트레스와 관련 있는 몇 가지 통념을 살펴보자.

:: 성공하기 위해서는 반드시 스트레스를 겪어야만 한다?

이런 생각을 하는 사람들이 의외로 많다. 그래서 이런 통념을 신봉하는 사람들은 끊임없이 애쓰고, 빨리 빨리 서둘러대는 라이프 스타일을 보여주고, 지나치게 경쟁적이고, 한꺼번에 여러 가지 과업을 동시에 실천하는 것이 성공의 열쇠라고 생각한다. 이러한 성격 특성을 가진 사람을 '타입 A 행동특징type a behavior pattern;

TABP’ 또는 ‘관상성 심장병 경향 행동coronary prone behavior’을 보이는 사람이라고 부르는데, 스트레스를 많이 받으며 심근경색 등의 심장병에 걸릴 확률이 일반인보다 두 배 이상 더 높다. 40대, 50대 사업가들이 급사하는 첫 번째 원인이 바로 심장병이고, 이러한 타입 A 성격의 소유자가 희생되는 경우가 많다.

그러나 최고로 성공한 사업가상위그룹 수준의 사업가들를 대상으로 한 한 연구에 따르면, 이들에게선 앞서 본 타입 A 행동특징을 보여주지 않는다. 이들은 오히려 우선순위를 잘 정리할 줄 알고, 업무를 남에게 위임할 줄 알고, 일이 끝날 때까지 뒤에 물러서서 여유 있게 기다릴 줄 아는 사람들이다. 이런 성공적 사업가들은 처음부터 끝까지 죽기 살기로 열심히 일만 하는 사업가들에 비해 훨씬 더 효율적으로 일하고, 건강하고, 삶이 넉넉하고 여유롭다.

15쪽의 ‘여키스와 닷슨의 스트레스와 수행능력 간의 법칙’이라는 그림에서 보았듯이 스트레스가 적지도 많지도 않고 적절할 때가 수행능력이 최고 수준에 이른다. 앞으로 자세히 알아 볼 것이지만, 우리는 스트레스 반응의 반대 반응인 이완 반응을 정기적으로 일으키는 명상을 하면 탈진을 예방하고 활기차고 건강하게 살고, 생산성과 효율성이 높아져 인생을 즐길 수 있다는 것, 이완 반응을 일으키는 명상을 수련하는 것이 사업의 성공뿐 아니라 건강과 스트레스의 효율적 관리를 위해 반드시 필요한 일임을 살펴볼 것이다.

:: 모든 스트레스는 다 나쁜 것이다?

어느 정도의 스트레스는 자극적이고 삶을 흥미롭게 한다. 우리는 마감 시간에 쫓기고 해야 할 일거리가 많아졌을 때 더욱 열심히 일한다. 그러나 비록 좋은 일거리라 하더라도 지나치게 많아지거나 오랜 기간 시달리면 과부하에 걸린다. 문제는 적절하게 균형을 유지하는 것이다. 성장의 비료가 되는 좋은 스트레스를 유스트레스eustress라 하며, 나쁜 스트레스를 디스트레스distress라 한다. 의미 있는meaning 일을 재미있게pleasure 열심히engage 하는 게 행복으로 가는 지름길이다.

:: 만약 내가 이 자리에서 피하기만 하면 스트레스는 없어질 것이다?

어떤 사람은 해야 할 일거리가 많아 스트레스를 받을 때마다 '직장을 바꾸거나 보스가 바뀌기만 하면 스트레스가 사라질 텐데'라는 통념에 빠진다. 그러나 이런 생각은 문제 해결에 별 도움이 되지 못한다. 예컨대 서울 생활에 스트레스를 많이 받던 직장인이 지방으로 전근을 가면 스트레스가 적을 것 같아 지방 근무를 원했다. 처음에는 일시적으로 번거로움이 줄어들어 좋아했지만 멀지 않아 지방 생활이 단조롭고 따분하여 스트레스가 더 심하다는 것을 느끼게 되었다. 이처럼 직장을 바꾼다, 업무를 바꾼다, 이사를 간다는 등의 외부 상황의 변화는 스트레스를 감소시키기는커녕 스트레스를 더욱 가중시키기 십상이다. 앞에서 이미 살펴본 것처럼 스트레스란 신체적·심리적 안녕에 위협으로 지각되는 것을 말한다. 달리 말해 도저히 감당할 수 없다는 지각이 곧 스트레스인 것이다. 그런데 이런 감당할 수 없어 보이는 지각도 바꿀 수 있어서 스트레스를 감소시킬 수 있는 효과적 전략을 개발할 수 있다. 만약 이러한 지각을 바꿀 수 있게 되면 스트레스를 받는다는 심리적 압박감도, 스트레스에 대한 신체적 반응도 바꿀 수 있게 된다. 그러므로 직무나 근무처나 외부 상황을 바꾸기 전에 나의 지각을 바꾸는 것이 가능한지 그 여부부터 찾아봐야 할 것이다. 만약 지각을 바꿀 수 없다는 결론이 나오면 그때 가서 상황을 바꾸거나 반응을 바꾸는 것이 보다 합리적인 선택일 것이다.

::

"나눈 후에 지배하라_{정복하라}."라는 격언이 있다. 언뜻 보면 사면이 스트레스로 둘러싸여 있어 출구가 보이지 않을 때가 있다. 그러나 이렇게 포위당해 있는 것처럼 보이는 상황이라 하더라도 조건들이나 자극들 하나하나 나누어 갈라놓고 보면 하나씩 차례로 다루어 나갈 수 있는 활로를 찾을 수 있다.

비록 모든 상황을 한꺼번에 다 통제하거나 변화시킬 수 없다 하더라도, 스트레스에 대해 생각하고 반응하는 구체적인 방식은 찾아낼 수 있다. 궁지에 몰린 쥐마저도 고양이에게 적절하게 대응하면 고양이를 격퇴할 수 있다고 하지 않는가. 절실하게 필요성을 느끼는 것이 성공을 위한 밑거름이 된다. 주역에 언급되어 있는 것처럼 궁하면 변하고, 변하면 통하고, 통하면 길이 열린다고 하지 않았는가! 窮卽變, 變卽通, 通卽久

:: 스트레스를 관리하기 위해 타협하는 사람은 무기력한 사람이다.

나는 스트레스와 맞서 싸울 뿐 타협하는 무기력한 사람이 아니다?

"전부가 아니면 아무것도 아니다."라고 하는 이른바 실무율의 법칙 all or none law 이 있지만 전부가 아니면 아무것도 아니라는 사고가 스트레스를 일으키는 원인이 되고 이런 극단적 사고가 바로 변화에 대처하지 못하는 경직되고 보수적인 사고이다. 타협은 무기력한 것이 아니라 자신의 원칙을 지키면서 균형감을 유지할 수 있게 해 주는 탄력적 사고이다. 완고한 고집과 무기력 사이, 승리와 패배 사이, 흑과 백 사이의 중간지대가 평형과 조화를 이루는 탄력지대이다. 사고의 탄력성과 행동의 유연성이 인간을 만물의 영장으로 도약시킨 생존의 가치인 것이다. 이것이 중도中道이고, 중용中庸이며 화和의 철학이다.

 스트레스는 나의 힘

6

스트레스에 효과적으로 대응하기

| 스트레스에 대응하는 네 단계 |

스트레스를 만났을 때 다음과 같은 네 개의 단계를 따라하는 것
이 스트레스 대처에 도움이 된다. 즉 스트레스를 직면하게 되면,

1. 일단 멈추어 서서 부정적 반응 패턴을 끊기 위해

2. 심호흡하고 호흡명상

3. 생각들을 알아차려 보고 마음챙김 명상

4. 효율적인 반응을 선택한다. 그 상황의 적응에 가장 적합하다고 생각되는
   반응을 임의적으로 선택

:: 1단계. 일단 멈추어 서기

스트레스를 만났을 때 최악의 시나리오를 향해 생각이 확산되어
가기 전 일단 멈추어 서라. 예컨대 당신의 보스가 당신을 긴급하게
호출했다면 가슴이 철렁 내려앉으면서 '이제 난 해고되겠구나.'라
는 부정적 사고의 도약이 일어나면서 해고라는 최악의 시나리오가
머릿속에 떠오를 수 있다. 이때 '이런 생각은 지나친 생각이야. 그
만!' 하고 스스로에게 말하는 것이 부정적 반응 패턴을 멈추게 하

여 자동적으로 스트레스 주기가 시작하는 것을 차단하게 된다.

:: 2단계. 심호흡하라

일단 멈추어 선 다음에는 몇 번 심호흡을 하여 신체적인 긴장을 내려놓는다. 심호흡은 부정적인 스트레스 사이클을 다시 한 번 더 차단하는 데 도움이 된다. 뒤에서 살펴볼 것이지만 스트레스를 받았을 때 횡격막 호흡과 같은 심호흡은 신체의 긴장을 낮추는 데 대단히 유용하다. 심호흡을 하면 심장박동률, 호흡률, 혈압 그리고 신진대사 등을 낮추어 이완반응을 일으키게 된다. 또 심호흡에 마음을 모으면 순간적으로 주의가 스트레스 반응으로부터 이완 상태로 돌아온다. 일시적으로 스트레스 반응만 차단한다 하더라도 주의를 집중하는 데 도움이 될 수 있고, 또 스트레스를 다양한 시각으로 바라볼 수 있는 정신적 여유를 제공해 준다.

:: 3단계. 생각들을 알아차리고

부정적 사고의 주기가 멈추어 서고 심호흡을 하고 나면 에너지가 문제 해결 중심 쪽으로 향하게 된다. 이렇게 에너지가 제자리로 돌아오면 스트레스의 원인이 무엇인지 생각해 볼 수 있다. 먼저, 스트레스 상황을 잘 살펴보아 스트레스 촉발 인자가 무엇인지 확인한 후 자동적인 생각과 반응이 어디에서 기인한 것인지 이해하

　　　　　　　　　　　　　　스트레스는 나의 힘

고, 이러한 생각의 저변에 있는 불합리한 신념과 인지적 왜곡에 대해 알아차린다. 이렇게 잡다한 생각들을 정리해가는 과정이 곧 마음챙김 명상이며 이런 명상 훈련이 스트레스 원인을 확인하고 생각과 행동을 개선하는 데 큰 도움이 된다.

:: 4단계. 반응을 선택한다

부정적 자동 사고의 주기가 멈추어서고 심호흡을 하여 주의가 스트레스 반응으로부터 이완 반응 쪽으로 바뀌게 된 후, 이 스트레스를 일으킨 원인에 대해 곰곰이 관찰해 보면 어떻게 대처해야 하는 것이 합리적인 대책인지를 선택할 수 있게 된다.

뒤에 계속 될 장들에서는 바로 이러한 단계적 대처를 보다 자세하게 알아 볼 것이다.

7

스트레스는 삶의 활력소다
| 좋은 스트레스 선택하기 |

끝없이 엄습해 오는 삶의 스트레스를 완전히 피할 수는 없다. 그러나 스트레스를 잘 대처해 나갈 수 있는 요령은 있다. 다시 말해

스트레스에 따른 부정적 자동 반응에 빨려 들어가기 전 지금 당면한 그 스트레스가 과연 당신에게 결정적으로 중요한 것인지는 따져 볼 수 있다. 그것이 당신에게 의미와 가치가 있는 것이라면 그 스트레스는 당신의 장래 삶에 도움을 줄 수 있는 것이기 때문에 확고하게 붙잡아 이겨내야 한다. 그러나 흔히 우리가 '반드시 그렇게 해야 해.', '마땅히 그래.' 또는 '반드시 그래.'라고 믿고 있는 통념적인 생각들은 전혀 그럴 만한 가치와 의미가 없는 것들이 대부분이다.

우리는 제한된 시간 속에서 해야 할 일과 하지 말아야 할 일들을 구분해야 한다. 다시 말해 '반드시 그렇게 해야 한다.'는 것과 '하기를 원하는 것' 사이에 적절하게 균형을 유지하는 것이 중요하다. 하고 싶은 일을 모두 다 할 수는 없지만 바쁜 가운데서도 몇 가지 원하고 바람직하고 의미 있는 일들만을 선택하여 즐겁게 해 나가는 것이 삶의 스트레스를 극복하고 건강하고 행복하게 살아가는 지름길이 될 것이다. 이런 의미에서 보면 우리는 스트레스의 바다에 빠져 허우적거리는 것이 아니라 스트레스라는 토양 위에서 좋은 스트레스를 선택하여 딛고 일어나 무성하게 성장해 가는 것이다. 이렇게 될 때 스트레스는 삶의 양념이자 향기이고, 성장의 비료가 될 것이며 나의 힘이 될 것이다.

 스트레스는 나의 힘

2장
마음이 지닌 치유의 힘

1
마음이라는 기적의 약

고도로 과학이 발달한 시대라고 하지만, 아직도 우리는 혈압을 낮추고, 심장병이나 뇌졸중을 치료하고, 면역력을 높여 암이나 각종 면역장애를 치료할 기적의 약을 기다린다.

나아가 점점 더 극성을 부리고 있는 류머티즘, 당뇨병, 갑상선 장애와 같은 대사기능장애, 그리고 위궤양, 설사, 변비와 같은 소화기장애 등등 각종 만성병을 고칠 수 있는 기적의 약물이 개발되기를 학수고대하고 있다. 또 어떤 사람은 삶의 모습을 획기적으로 바꾸어 우울증을 해소하고, 불면증을 개선하고, 분노감과 적개심을 누그러뜨려 줄 수 있는 '행복의 약물' 같은 건 없을까 갈망하기도 한다.

그러나 과학기술의 발달, 생활의 편리, 소득 증가, 사회보장제도의 개선, 그리고 각종 현대문명의 이기들이 속속 개발되어도 불행감은 더욱 증폭되고 자살률, 이혼율, 범죄율은 더욱 높아져 사회가 점점 더 병적으로 변해가는 것을 보게 된다.

왜 천문학적 비용이 들어간 첨단의료시설도, 무수히 개발된 신약도, 의학계에 넘쳐나는 인재 중의 인재도 환자들의 수를 줄어들게 하지는 못하는 것일까? 우리는 과연 이런 난치병을 치료할 마법의 약물과 치료법을 얼마나 더 오래 기다려야 하는 것인가? 아니, 과연 그런 것들이 실제로 개발되어 우리의 염원을 해결해 줄 수는 있는 걸까?

하지만 답은 미래에 올 것이 아니라 이미 만들어져 있다. 2,500여 년 전 석가모니는 모든 괴로움과 안락은 오직 마음이 지어내는 것이니 마음이라는 약으로써 온갖 병^{괴로움}을 고쳐나갈 수 있다는 처방을 내린 바 있다. 현대의 성의^{聖醫}라 칭송받는 하버드 의과대학의 내과 교수이자 심신의학연구소 소장인 허버트 벤슨 박사와 스탠퍼드 대학의 신경과학자이며 심리학자인 온스타인 박사도 현대인의 질병을 예방하고 치료하는 약물은 인위적으로 개발될 수 있는 물질적인 것이 아니라, 이미 우리 자신이 가지고 있는 '마음'을 활용하는 것이라고 주장하고 있다. 흔히 말하는 '자연치유력', '믿음의 힘', '마음이 지닌 치유력' 등이 바로 기적의 약물을 일컫는 말이다.

이 책은 바로 '마음'이라는 '내 안의 약물'을 활용하는 방법을 안내하려고 한다. 따라서 이 책에서는 삶의 역경 스트레스으로부터 스스로 헤쳐 나와 건강하고 활기찬 삶을 누리길 바라는 사람들에게 실제적이고도 실천 가능한 방법들을 제시하는 데 중점을 두려고 한다.

사람마다 성격과 기질, 체질과 유전성이 독특하다. 그러므로 비슷한 역경에 처했다 하더라도 이를 감지하고 반응하는 방식은 사람마다 특별할 수밖에 없다. 그러므로 각자의 문제를 해결하는 방법 또한 다양하기 마련이다. 따라서 먼저 자신의 요구가 무엇인가를 알아본 후 그것을 해결하기 위한 자기 나름의 독특한 책략을 수립해야 할 것이다.

어떤 사람은 스트레스 때문에 생기는 각종 만성질병의 발생을 미리 예방하는 데 뜻을 둘 수도 있고, 삶의 질을 높이는 '웰빙'을 목표로 하는 사람도 있을 수 있고, 실제로 생존에 위협을 느끼게 하는 만성병을 갖고 있어서 이에 대한 대처능력을 기르기 위해 이 책을 읽을 수도 있다. 혹은 불안, 우울, 적개심 같은 거추장스러운 스트레스를 효과적으로 해결하는 것이 목적일 수도 있다.

그러면, 이제 다음의 여러 이유 가운데 자신은 어디에 해당하는지 먼저 확인해 보자. 이유는 여러 가지일 수 있으니 해당되는 물음에 모두 체크하면 된다.

- [ ] 나는 보다 건강한 삶을 살아가기 위해 '마음과 몸'의 관계를 활용하는 일반적 방법을 두루 알고 싶다.
- [ ] 나는 잠을 좀 잘 자고 싶어 한다.
- [ ] 나는 혈압이 높다. 의사가 혈압을 낮추라고 권고한다.
- [ ] 나는 '월경전 통증증후군'이 있는데 심리적 긴장을 늦추는 것이 도움 된다고 들었다.
- [ ] 나는 편두통을 치료하려고 백방으로 노력했으나 헛수고였다.
- [ ] 나는 스트레스 해소에 명상이 도움 된다는 것을 들어서 그 방법을 알고 싶다.
- [ ] 나는 만성허리통증이 있는데 명상이 도움 된다고 들었다.
- [ ] 나는 심장병 혹은 당뇨병이 있어 스트레스를 잘 관리하는 것이 좋다고 들었다.
- [ ] 나는 암환자인데 스트레스를 줄이고 활기차게 살아가려 한다.
- [ ] 나는 심장병 발작을 경험한 바 있어 심장병 발작의 위험 요인을 감소시켜야 한다.
- [ ] 나는 임산부로서 태교를 위하여 심신을 평안하게 하는 구체적 방법을 알고 싶다.

자, 이제 여러분이 이 책을 읽어야 할 동기와 목표가 무엇인지 구체적으로 확인하여 아래 난에 적어 보십시오. 위에 언급한 것 외에도 다른 동기가 있으면 적으시오.

....

....

....

....

위와 같은 요구에 부응하여, 자연치유력을 증강시키기 위해 의학, 심리학, 간호학, 영양학 그리고 운동생리학 등의 분야를 통합한 신생 의학 분야가 행동의학Behavioral medicine 이다. 행동의학에서 사용하는 치료법과 책략들, 예컨대 명상이나 이완과 같은 중재법들은 관절염, 고혈압, 당뇨병, 심장 장애, 소화기 장애, 불임증, 편두통 그리고 만성통증 등의 주원인이 되는 스트레스를 낮추는 데 효과적이라는 사실이 과학적으로 입증되었다. 또한 이 방법들은 긍정적인 마음의 태도를 길러, 삶의 질을 높이는 데에도 크게 기여한다는 것이 입증되었다.

한편 행동 의학적 치료의 핵심을 심/신치료Mind/Body approach 라고도 부르는데, 이 치료법은 나쁜 생활습관을 변화시켜 질병을 예방하고 치료하는 효과가 있다. 또한 질병을 야기하는 신체증후들을 직접적으로 개선하기도 하고, 간접적 질병유발요인이기도 한 생활태도와 습관을 수정하는 데 초점을 두기도 한다. 이러한 제반 변화들은 우리의 일상적 삶을 보다 건강하게 해 주기 때문에 전체적으로 삶의 질을 높여 건강하고 행복한 삶을 영위하도록 하는 데 큰 도움을 준다.

현대 환자의 60~90퍼센트는 스트레스가 심하거나 라이프스타일이 잘못되어 질병이 발생한 경우이다. 미국 보건성 장관이었던 줄리어스 리치먼드 박사는 "현재 미국인의 질병이나 죽음을 야기하는 중요 원인, 예컨대 알코올 남용, 운동 부족, 영양 상태, 흡연, 그리고 스트레스와 긴장에 대한 불건강하고 부적절한 반응 등을 개선하게 되면 사망률을 크게 감소시킬 수 있다."라고 언급하였다. 미국인뿐만 아니라 우리 한국인들도 라이프스타일, 스트레스 그리고 건강과의 관계를 올바르게 인식함으로써 큰 도움을 받을 수 있을 것이다.

그러나 건강을 위한 의학적·심리학적 지식을 아무리 많이 알아도 실천이 따르지 않는다면 공염불에 불과하다. 건강에 대한 지식이 건강을 보장한다면 어떤 간호사가 흡연을 하며, 어떤 의사가 비만할 수 있으며, 어떤 심리학자가 스트레스 때문에 탈진감을 느낄 것이며, 어떤 건강전문가가 운동을 하지 않겠는가? 만약 당신이 신체검사를 한 뒤 생활습관이 잘못되었으니 바꾸는 것이 좋겠다고 권유받았다고 한다면 이 순간부터 생활습관을 건강한 방식으로 바꾸어야 한다. 부뚜막의 소금도 집어넣어야 음식 맛을 내지 않겠는가? 이 책은 당신의 라이프스타일의 어떤 부분을 변화시킬 것인가를 가려내 주고, 또 어떻게 그 변화를 실천적으로, 성공적으로 일으킬 수 있을 것인가를 알아내는 데 도움을 줄 것이다.

2 심리치료와 신체치료의 통합

| 믿음 혹은 플라시보 효과가 건강에 미치는 영향 |

심心/신身 건강모형이란 새로운 건강 개념으로 일반적인 의학모형과는 다르다. 일반적으로 건강을 유지하거나 질병을 치료할 때 주로 약을 쓰거나 수술을 하거나 그 밖에 여러 가지 물리적·화학적·기계적 방법을 신체에 직접 적용하여 치료하는 것을 신체치료라 하고 심리 상담이나 정신분석과 같은 방법을 사용하여 마음을 치료하는 것을 심리치료라 하여 두 가지로 크게 나눈다. 그러나 1980년대 후반부터 신체치료와 심리치료를 통합하여 심心/신身치

료 Mind/Body approach 라고 하는 새로운 치료 모델이 등장하였다.

이 책에서는 심리적인 내용과 신체적인 내용 사이에 전개되는 복잡한 심신 상호작용이 건강을 유지하고 질병을 치료하는 데 매우 중요하다는 입장을 강조하려는 것이다. 이 심/신 건강 모형에 따르면 건강은 유전적 소인과 혈압, 콜레스테롤 또는 혈당과 같은 생물학적 요인뿐만 아니라 생활습관, 사고방식, 감정상태, 외로움과 같은 심리적 요인에 의해서도 크게 좌우된다고 한다.

나아가 심/신 건강모형에서는 생물학적 몸의 요인과 심리학적 마음요인뿐 아니라 아울러 우리를 둘러싸고 있는 환경적 요인들이 생물학적·심리학적 건강에 미치는 영향까지도 강조한다. 예컨대 의사가 처방해 준 혈압 약을 먹고 혈압이 내려가 심장병 발병의 위험률이 낮아질 수도 있겠지만, 외로움이 커진다거나 스트레스나 긴장으로 인해 담배를 많이 피우는 것도 심장병 발병의 위험률을 높일 수 있다는 것을 강조하려고 한다. 심/신 건강모델에서는 이러한 다양한 요인들 가운데 단지 어느 한 요인만, 예컨대 혈압약을 먹는 것만 강조한다면 최상의 결과를 성취할 수 없다는 것이다. 따라서 심/신 건강모형은 통합적 모델이며 전인적 모델이라 부르기도 한다.

심/신 건강모형은 믿음이라는 심리적 요인이 건강과 안녕 wellbeing에 강력한 영향을 미친다는 것을 특히 강조한다. 예컨대 의사에 대한 믿음은 그가 처방해 준 약을 잘 복용하는 데 영향을 준다. 만약 의사의 처방약을 환자가 불신한다면 그 약을 먹지 않을 것이고, 비록 먹었다고 하더라도 효과가 나타나지 않을 것은 자명하다. 반대로 치료약이나 치료법에 대해 효과가 있을 것이라고 믿으면 그 믿음에 따른 효과, 즉 플라시보 효과placebo effect라는 부가의 효과를 얻을 수 있다.

플라시보 효과는 다음과 같은 세 가지 요인으로 이루어진다. 첫 번째가 환자 자신이 갖는 믿음이고, 두 번째가 치료자가 갖는 믿음, 세 번째는 환자와 치료자 사이의 관계 속에서 이루어지는 믿음이다. 이 세 가지 믿음 요인들이 잘 어우러지게 되면 플라시보 효과는 복용한 약의 실제 효과보다 37퍼센트 이상 부가적인 효과가 나타난다고 알려져 있다. 수술을 받을 경우에도 유사한 효과가 나타나는데, 수술을 집도한 의사에 대한 믿음이나 수술 그 자체가 효과가 있을 것이라고 믿으면 믿지 않는 경우에 비해 훨씬 더 좋은 결과가 나타난다. 처치 약에 대한 기대감이나 처치자에 대한 신뢰가 치료의 효과성을 증진시켜 주기 때문이다.

믿음의 효과 또는 플라시보 효과에 관한 가장 유명한 예는 1950년대 미국 뉴욕의 한 병원에 근무하던 스튜워드 월프 박사의 보고이다. 내용인즉 한 임산부가 입덧과 구토가 심해 의사를 찾아가 이

 스트레스는 나의 힘

를 진정시켜 줄 수 있는 약을 처방해 달라고 부탁하였다. 그런데 의사가 이피켁ipecac이라는 구토제를 처방해 주었는데 이 약을 복용하고 난 후 환자의 구토와 입덧 증세가 멈추었다. 이 얼마나 역설적인 효과인가! 이러한 역설적 효과는 바로 약물의 효과에 대한 심리적 믿음의 힘이 실제 약물의 생물학적 작용의 힘을 무효화시켜 버린 것이다.

자기 자신의 건강을 스스로 통제할 수 있다는 믿음을 갖는 것은 매우 중요한 의미를 가진다. 즉, 살을 뺀다거나 담배를 끊는 것과 같은 라이프스타일의 변화를 성공적으로 할 수 있다고 스스로 믿으면 자신이 기대하는 변화들을 이루어낼 수 있고 결과적으로 믿음은 당신의 건강과 웰빙에 긍정적인 영향을 미칠 수 있는 것이다.

❸
심신치료의 사례

여기서 인용하는 J라는 환자의 사례는 현대 심신의학의 창시자라 부르는 하버드 의대 심장 내과 교수이며 심신의학연구소 소장인 허버트 벤슨 박사가 1996년에 출간한 『웰니스 북Wellness Book』에 소개한 전형적인 심신치료 사례이다.

J라는 환자는 컴퓨터 프로그래머로서 36세의 여성인데 두통 때문에 심/신 클리닉을 찾았다. 예비 면담과 검사를 해 보니 혈압이 150/100으로 좀 높은 편이었고, 체중은 약 10킬로그램 정도 과체중이었으며, 하루 한 갑 정도의 흡연을 하고 있었고, 콜레스테롤이 280mg/dl로 높았다. J에게 혈압 약과 콜레스테롤 하강제를 처방해 주었고, 체중을 줄이고 금연을 하도록 권했으며 두 달 후 내방하도록 했다.

두 달 후 J가 다시 찾았을 때 두통은 여전했고, 혈압도 160/102로 역시 높았으며 체중도 전혀 줄어들지 않았고 담배도 끊지 못한 상태였다. J에게 왜 지난 번 권고했던 대로 따라하지 않았는지 물었더니 J는 그만 북받치는 감정에 압도되어 울면서 말하기를 "나는 이곳이 외로운 곳이어서 친구도 친척도 없어 누구의 도움도 받을 수 없고, 처방약을 사려고 해도 한 달에 90달러 이상이나 지불해야 하니 살 수도 없고, 남편은 부부싸움을 한 후 아이들을 남겨 놓고 그만 집을 나가버렸기에 두 아이를 양육하기가 너무 힘들었다."고 했다. 또한 그녀는 주말에 식당에 종업원으로 나가 아르바이트를 해야만 했으므로 아이들과 함께 놀아줄 시간적 여유도 없었기에 아이들에게 심한 죄의식을 가지게 되었다고 했다. 그녀는 이런 부정적 정서 상태가 지속되면서 피곤하였고 우울감을 느꼈다. 그래서 잠을 잘 자지 못했고, 두통은 매일 되풀이 되었으며, 적절한 운

  스트레스는 나의 힘

동을 하거나 제대로 된 음식을 찾아 먹을 수도 없었고, 담배도 끊을 수가 없었노라고 울먹였다.

이런 호소를 들은 의사는 두통과 혈압을 효과적으로 다루기 위해서는 앞서 두 달 전에 내린 생물학적 약물 처방만으로는 불가능함을 알고 지난번에 내린 약 처방을 잘 준수하라고 다짐한 후 시간을 내어 J가 처한 어려운 입장을 속 시원히 털어내어 얘기하도록 격려하고 그녀의 이야기를 경청해 주었다. J의 처지를 어느 정도 이해한 후 J를 사회복지사에게 연결해 주어 경제적 지원과 다른 적절한 도움을 받을 수 있는지 여부를 알아봐 주었다. 그리고 의사는 임상심리사와 연결하여 두통의 빈도를 줄이고 혈압이나 콜레스테롤 수준을 낮출 수 있는 심리학적 중재법을 배울 수 있는 기회도 제공해 주었다. 의사는 J에게 두통과 혈압 등 그녀가 겪고 있는 많은 신체적 증세들은 모두 정상 수준으로 치료될 수 있는 것이라는 확신을 심어주었고 또한 심리적 태도와 생활습관의 변화가 J의 증세를 치료하는 데 중요한 역할을 한다는 데 대해 다시 한 번 강조하면서 J에게 용기를 주었다.

이런 얘기를 듣고 J는 기분이 좋아져 혈압이 145/95로 떨어짐 클리닉을 떠났다. J는 누가 자기의 이야기에 귀를 기울여 주었다는 것만으로도 더는 외롭거나 무력하게 느껴지지 않는다는 심리적 지지감을 확신하게 되었다. J는 바로 사회복지사를 만났고, 임상심리사를 만났으며 적절한 복지 혜택과 심리 훈련을 받았다. 6주가 지난 후 그녀의 두통은 사라졌고 잠도 정상적으로 잘 수가 있었다. 스트레스를 주는 요건은 여전했지만 불안은 훨씬 줄어들어 혈압과 콜레스테롤은 거의 정상 수치로 떨어졌다.

J의 사례는 마음과 몸이 얼마나 통합적으로 잘 연결되어 있는가를 보여주는 대표적인 사례이다. 즉 혈압이나 콜레스테롤, 불면과 두통 등과 같은 신체적 증상들이 생각, 감정 또는 행동 등에 크게 영향을 줄 수 있다는 것을 보여주는 것이고, 동시에 생각, 감정 그리고 행동이 신체적 증후에 많은 영향을 줄 수도 있다는 것을 보여주는 것이다. 그 밖에도 사회적 도움과 같은 사회적 복지 요인들도 또한 중요한 치료 요인이 된다는 것을 보여준다.

여기서 무엇보다 중요한 것은 치료자가 J의 증세는 나을 수 있다는 믿음을 심어준 것이다. 즉 J는 자신이 치료에 성공할 수 있다는 믿음, 자신의 심리적 태도와 생활습관을 바꾸는 것이 건강에 중요하다고 한 믿음, 그리고 의사가 처방해 준 약을 먹으면 나을 수 있다는 믿음과 같은 믿음의 효과, 즉 플라시보 효과가 J의 증세를 호전시킨 것이다.

   스트레스는 나의 힘

4 특정한 행동이 특정한 병을 일으킨다

지난 반세기 동안 서양의학은 특정한 질병의 원인을 밝히거나 징후를 치료하는 데 대한 과학적 연구를 집중적으로 수행해 왔다. 이런 노력 끝에 결핵이나 천연두와 같은 특정 질병의 원인이 밝혀졌고, 그에 대한 특수 치료법이 개발되어 이 병들에 근본적 대처가 가능해졌다. 그러나 심장병과 같은 경우는 막힌 혈관을 우회시키는 수술법을 개발하여 일시적으로 환자의 생명을 살려놓을 수는 있지만 환자가 계속 담배를 피운다거나 콜레스테롤이 많은 음식을 먹거나 혈압 약을 먹지 않는다면 심장 혈관이 다시 막히게 되어 심장병이 재발하게 될 수 있다는 것을 알게 되었다. 이 경우처럼 만약 옛날부터 해오던 나쁜 생활습관을 바꾸려는 노력을 기울이지 않으면 병이 재발될 수 있는 가능성이 여전히 높다.

이제 현대의학은 과학적 발견들과 치료법들을 모두 통합하는 것은 말할 것도 없고 여기에 더하여 생각, 감정, 행동 태도 등의 심리적 요인들이 건강에 직접적 영향을 미칠 수 있다는 입장까지도 과학적으로 밝혀내고 있다. 따라서 최첨단의 현대의학은 환자의 건강을 관리하는 데 생물·과학적 전통의학과 심리·사회적인 심신의학을 통합한, 보다 포괄적인 입장을 취하는 것이 특색이다.

심/신 치료 접근법은 지난 몇 십 년 동안 벤슨Benson, 엔겔Engel, 페네베이커 Pennebaker, 슈와르쯔Schwartz, 온스타인Ornstein과 같은 선구적인 심리학자와 의사들에 의해 많은 연구가 이루어졌다. 이들에 의한 뛰어난 연구들을 종합해 보면 다음과 같은 두 가지 견해가 주목을 끈다.

첫째, 특정한 행동이 특정한 병을 일으킨다는 것이다.

이미 잘 알려진 바와 같이 특정 음식물 섭취, 과다한 알코올 섭취나 흡연, 운동 부족 그리고 마약과 같은 특정 약물 섭취가 특정 질병의 발생과 관련이 있고 그 반대가 질병의 회복과 관련이 있다는 것이다. 또한 체계적·합리적인 행동 수정은 비체계적·불합리한 행동 수정보다 더 성공적인 치료효과를 낳는다고 알려져 있다. 따라서 독자들은 이 책에서 건강을 향상시키는 데 이미 과학적으로 입증된 심신변화에 관한 합리적 기법들 특히, 명상과 이완 기법을 체계적으로 활용할 수 있는 훈련법들을 접하게 될 것이다.

둘째, 심리적·정서적 반응들은 생리적 기능에 직접적으로 영향을 미친다.

주어진 환경에 대해 심리적으로나 정서적으로 반응하는 방법의 차이에 따라 생리적 반응의 상태가 달라진다. 소위 마음과 몸 사이에 일어나는 심리 생리적 상호작용psychophysiological interaction이 삶을 구성하는 중요한 요인이 된다. 예컨대 우리가 조용하고 평화롭게 생각하고 있을 때는 정서적 반응과 생리적 반응도 조용하고 평화롭게 이루어지지만, 반대로 화를 내거나 공포에 질려버릴 때는 정서적으로 격앙되고 생리적 반응 또한 극단적인 반응 모습을 보여주게 되므로 질병에 걸리게 된다.

우리는 '스트레스로 인한 생리적 반응stress-induced physiological reaction'이 반복적으로 일어나거나 또는 장기간 지속된다면 몸에 질병을 일으킨다는 것을 잘 알고 있다. 그러므로 강한 생리적 반응을 일으키게 하는 생각이나 정서 반응에 대해 주목해야 된다. 우리는 스트레스가 생리적 변화를 일으키는 메커니즘에 관해 알아야 될 것이고 나아가 이러한 스트레스를 관리하는 특정 책략을 학습하여 문제가 되는 생리적 반응을 약화시키는 방법을 배워야 할 것이다. 이 책에서 언급해 놓은 특정 기법을 사용하여 스트레스를 관리하는 것을 배우게 되면 심리적으로 보다 편안해질 뿐만 아니라 스트레스에 따른 생리적 흥분으로 생긴 나쁜 영향을 감소시켜 더 건강하게 살아가는 데 도움이 될 것이다.

1979년 당시 미국 보건성 장관이었던 리치몬드 박사는 『건강한 사람: 건강의 증진과 질병의 예방에 관한 보건성 장관의 보고서』라는 책자를 출간하였다. 앞서 잠깐 언급했던 것처럼 이 보고서에는 미국 성인의 때 이른 죽음[早死]의 반 이상이 건강치 못한 행동 습관 때문이라고 언급하였다. 나아가 이 보고서는 10대 조기 사망 원인 가운데 적어도 일곱 가지 질병은 나쁜 행동습관을 바꾸기만 한다면 줄일 수 있다고 설명하고 있다. 바로 불량한 영양, 흡연, 운동 부족, 알코올 남용, 긴장이나 스트레스에 대한 불건강한 반응 등이 개선되어야 할 주된 것으로 언급되고 있다. 이런 새로운 증거들 때문에 치료의 개념이 특정 질병의 원인을 확인하여 치료하는 생물학적 관점으로부터 질병의 예방과 치료에 심리사회적 관점까지 포함시켜야 된다는 입장으로 확장되기 시작했다.

특정한 질병의 특정한 원인만을 밝히려고 하는 미시적 관점으로부터 벗어나게 한 또 다른 좋은 계기가 있다. 즉 프래밍험 연구 Framingham study 라는 심혈관 질병에 관한 방대한 연구이다. 이 연구는 40여 년 간에 걸쳐 이루어진 연구로서 흡연, 좌식 생활 습관, 스트레스 그리고 비만과 같은 것이 고혈압과 고지혈과 함께 심장병 예측의 중요 요인이 된다는 것을 명백하게 밝혔다. 사실 불량한 영양, 운동 부족, 흡연과 알코올 남용 등은 여러 가지 질병 발병의 원인이 된다는 것이 이미 확인되었다.

개인의 믿음, 심리사회적 요인들과 스트레스가 질병의 발생에 영향을 미치는 메커니즘은 최근에 들어와서 많은 성과가 이루어지기는 했지만 아직도 명확하지 못한 점이 많다. 그러나 마음과 몸은 서로 끊임없이 정보를 주고받는 소통 체계로 이루어져 있어서 마음이 무엇을 생각하고, 무엇을 지각하고, 무엇을 경험하는지를 뇌에서 몸으로 전달하고 있고, 반대로 몸에서 일어난 감각적 정보들을 끊임없이 뇌 쪽으로 보내고 있다.

【 연습과제 2-1 】 얼굴 표정으로 부정적 감정과 사고 일으켜 보기

—

주먹을 꽉 쥐고, 턱 뼈를 뻣뻣이 세우고, 이를 꽉 깨물고,
눈을 감고, 두 눈썹을 주름잡고 30초 동안 계십시오.

숨이 멈춰 있습니까?
긴장감을 느낍니까?
마음속에서 일어나고 있는 생각들에 주의를 집중해 보십시오.
화나는 생각은 없습니까?

—

주먹을 꽉 쥐고, 아랫입술을 깨물고, 얼굴을 찡그리고 두 눈썹을 주름잡게 하는 따위의 신체적 행위를 하면 분노감과 같은 부정적 감정과 사고가 야기된다. 이처럼 우리들의 생각, 감정 그리고 신체적 활동은 이런 방식으로 서로 얽혀 함께 작용한다. '대체 누가 내 차를 이 지경으로 망가뜨렸단 말인가!' 혹은 '도저히 더는 참을 수가 없다.'와 같은 화가 나는 생각과 분노나 좌절감을 일으키는 정서는 혈압을 상승시키거나 근육의 긴장을 증가시키는 등, 여

러 가지 신체적 반응을 일으키는데 이것은 건강에 매우 해로운 것
이다.

【 **연습과제 2-2** 】 얼굴 표정이 일으키는 정서적 차이 체험하기

—

연필을 1/3 정도만 입 속에 넣은 후 두 입술을 사용하여 연필을 붙들고 있어라.
나머지 2/3 정도의 연필 부분은 입 바깥으로 내민 채 연필 끝이 코 쪽 방향으
로 올라갈 수 있도록 약간 위로 세운다. 가능한 치아는 연필에 닿지 않게 하면
서 두 입술만으로 연필을 붙들도록 한다.
자, 이런 자세를 몇 분간 지속한다. 마음속으로 매우 '어리석고' '바보 같아 보
인다.'라는 생각도 든다. 하지만 이러한 얼굴 표정을 짓고 있을 때 나타나는 신
체적·정서적 느낌은 과연 어떠한지 한번 기술해 보라.
지금 이 순간의 느낌과 기분을 적어 보라.
자, 이번에는 입술을 대지 않고 앞니로만 연필을 부드럽게 붙잡아 보라. 몇 분
동안 이 자세를 유지하라. 이때 느끼는 신체적·정서적 느낌이 위의 경험과 다
르지 않은가? 위와의 차이점을 한번 기술해 보라.
지금 이 순간의 느낌과 기분을 적어라.

—

....

....

....

위의 두 연습 경험 간의 차이를 비교해 보자. 첫 번째의 경우 이

   스트레스는 나의 힘

미 짐작할 수 있겠지만 미소를 짓지 못하도록 근육을 사용하는 경우이다. 두 번째 실습은 전형적으로 미소를 짓게 하는 근육을 사용하도록 하는 경우이다. 심리학적 연구에 의하면 이런 단순한 얼굴 표정의 차이만으로 기분을 바꿀 수 있다고 한다. 기분이 좋아서 웃는 것만이 아니라 웃어서 기분이 좋아지기도 하는 것이다.

대부분의 사람들은 자신의 기분이 외부의 상황 때문에 바뀔 것이라고 믿는다. 그러나 사실은 그렇지 않다. 우리 자신의 반응이나 행동 여부가 외부적인 상황에 수동적으로 따르기보다는 자신의 내부 기분에 좌우되는 경우가 더 많다. 그렇기 때문에 우리의 마음^{기분} 상태 여부에 따라 우리의 몸^{신체반응} 상태가 주로 반응하기 때문에 감정^{기분}이 우리의 신체 건강에 많은 영향을 미치는 것이다.

부정적인 마음의 영향을 최소화하기 위한 '마음 사용법'을 학습하게 되면 자신의 건강을 보다 잘 통제할 수 있을 뿐만 아니라 보다 수용적이고 관용적인, 넉넉한 삶의 태도가 길러져 건강하고 행복한 삶을 영위할 수 있을 것이다. 자, 지금부터 질 높은 삶, 건강한 삶, 행복한 삶을 살기 위한 마음훈련을 시작하자.

이제 우리는 우리의 몸을 건강하게 하기 위한 여러 가지 마음훈련, 특히 호흡훈련, 이완훈련, 마음챙김 훈련과 같은 명상훈련법과 명상훈련의 효과에 관한 과학적 증거 등에 관해 알아볼 것이다.

3장

마음과 몸의 평화 ; 이완반응

1

이완반응이란 무엇인가?

마음을 한 곳에 모으는 마음집중 훈련을 하면 몸과 마음이 편안해져 건강하게 된다. 그래서 정성을 다해 기도를 하거나, 호흡 수련을 하거나, 참선과 같은 명상을 하거나, 염불을 외거나 혹은 108배와 같은 절을 하면 건강하고 편안해진다. 그런데 이런 마음 수행을 하는 사람이 자신의 종교적 믿음과 이런 마음 수행을 결합하여 하게 되면 그 효과가 월등히 좋아진다고 하는 것이 과학적으로 밝혀졌다. 이런 마음 수행과 종교적 믿음의 결합에 의한 심신 이완의 효과를 '이완반응relaxation response'이라는 과학적 용어로 표현한다. 다시 말해 지극정성으로 마음을 모아 기도를 하거나 진언만트라을 염송하거나, 호흡을 하거나, 화두를 들고 참선을 하거나, 절을 하면 몸과 마음이 편안한 경지〔定〕에 이르게 되는 것을 이완반응이라고 부르는 것이다.

　동양의 여러 종교, 특히 불교나 힌두교에서는 마음 수행에 따른 심신의 평화 또는 심신의 안정 효과를 수천 년 간 믿고 실천해 왔지만 서양에서는 1975년 하버드 의대 벤슨Herbert Benson 교수가 처음으로 심신수련에 따른 이완 효과를 '이완반응'이라는 과학적 용어로 설명했다. 『이완반응Relaxation Response』이라는 책이 1975년 출간 된 후 25년 사이에 무려 37판에 400만부가 팔렸고 벤슨을 서양의학의 "성웅saint soldier"이라고 부르게 되었다.

　이완반응이라는 말에 익숙하지 않은 분들을 위해 약간의 설명을 해 보자. 이완반응이란 우리가 원래부터 갖고 태어난 선천적 능력 중의 하나이다. 마음을 집중하여 안정 상태에 이르면 심장 박동이 줄어들고, 호흡 수가 감소하며, 혈압이 내려가고 느린 뇌파를 나타내고, 신진대사가 감소되는 등 일련의 안정적인 신체상태가 나타나는네 이를 이완반응이라 말한다. 마음 집중을 통해 이완반응을 보이면 스트레스에 의한 유해한 신체적 영향과 불쾌한 심리적 감정을 극복할 수 있어 마음과 몸이 건강하게 치유되는 것이다.

　이완반응을 야기하는 마음 훈련을 통해 평화로운 상태가 나타나면 적개심, 불안, 신경증 또는 우울증과 같은 병적 심리적 패턴의 악순환 고리가 끊어진다. 근심·걱정의 악순환 고리는 마음대로 제어될 수 없이 반복되는 특징이 있기 때문에 우리의 마음은 무의미하고 부질없는 생각이 끝도 없이 반복되는 번뇌 망상으로 가득 차 있는 것이다.

이완반응은 특정한 명상이나 기도 등을 통해 이끌어낼 수 있는 평화로운 마음과 몸의 상태이다. 현대의 모든 종교에서는 이완반응을 일으키기 위해 조용한 장소^{기도처, 기도실}에서 온몸의 긴장을 풀고, 일정한 시간 동안^{보통 10~20분} 간단한 기도문이나 특정한 진언^{만트라}에 주의를 집중한 채 엄습해 오는 잡념에 휩쓸려가지 않도록 다양한 형태의 마음집중 수행을 하고 있다.

2
이완반응과 신념 체계와의 결합

최근 들어 의학에서는 앞서 본 이완반응을 일으키는 명상수련법과 개인의 믿음 체계^{종교적 신념}가 서로 결합될 때 스트레스 감소, 혈압 강하와 같은 순환기 질환의 개선을 비롯하여 수많은 스트레스 관련 질병의 예방과 치료에 도움 된다는 것이 입증되었고, 또 이런 사실을 바탕으로 하여 완전히 새로운 차원의 의학이 등장하여 주목받고 있다.

심/신의학^{Mind/Body Medicine}이라는 새로운 의학의 주창자인 벤슨Herbert Benson 교수는 전통적인 명상수련법, 즉 이완반응 야기 기법과 개인의 믿음 체계를 결합시킨 신념요소faith factor를 과학적으로 연구하는 새로운 의학을 주창하였다. 1984년 벤슨이 쓴 『이완반응을 넘어서Beyond Relaxation』에는 신념요소의 효과를 다음과 같이 정리하였다.

- 두통이 경감되고
- 협심증으로 인한 통증이 줄어들고, 관상동맥 우회 수술의 필요성을 줄일 수 있고80퍼센트 정도의 협심증 환자가 긍정적인 믿음을 통해 통증을 현저히 줄일 수 있었다.
- 혈압이 낮아져 고혈압 치료에 도움을 주며
- 마음의 장벽을 극복하여 창의성을 발휘할 수 있고
- 불면증을 이길 수 있으며
- 과호흡증후군의 발작을 예방할 수 있고
- 요통을 경감시키며
- 항암 치료 효과를 증진시키고
- 공황 발작을 제어할 수 있게 도와주며
- 콜레스테롤 수치를 낮추고
- 메스꺼움, 구토, 설사, 변비, 조급증, 다른 사람들과 잘 어울리지 못하는 성격 등으로 나타나는 불안과 긴장을 덜어주며

◗ 전체적으로 스트레스를 감소시켜 내적인 평화와 정서적 균형
을 이루는 데 도움을 준다.

이 장에서는 일상생활 속에서 계속하여 '다투고 쫓기는' 술래잡기를 통해 일어나는 스트레스 반응의 실체를 먼저 알아보고, 스트레스 반응의 반대인 명상을 통해 일어나는 '이완반응'에 대해 알아볼 것이다.

스트레스, 긴장 그리고 끊임없는 경쟁과 변화 등은 현대인의 삶의 특징이다. 이런 현대의 특징은 불행하게도 온갖 원치 않는 심리적·신체적 결과를 낳게 된다. 우리는 자신의 환경을 마음대로 변화시킬 수도 없고 또한 환경변화를 원하지 않는 경우도 많다. 현대생활 속에서 엄습해 오는 이 많은 변화와 스트레스를 어떻게 대응해 가야 하는가? 일상적인 방법은 저항도 못하고 대책 없이 그냥 받기만 하는 수동적 방법이다. 그러나 스트레스를 마음속으로 인지하고 이에 대처해 나가는 법을 적극적으로 학습함으로써 스트레스에 대한 생리적 반응을 효과적으로 통제해 나가는 것을 배워 나갈 수 있다. 다시 말해 스트레스에 따른 신체적 반응을 수동적으로 내맡기는 대신 반응 자체를 천천히 적게 일으키도록 통제하고, 긴장과 불안을 빨리 구제하여 당신 자신을 새롭게 하는 적극적 대처법을 배울 수 있다.

　스트레스는 나의 힘

먼저 스트레스에 의해 일어나는 생리학적 반응인 '공격 또는 도피 반응'부터 살펴보자.

3

공격할까, 도망갈까
| 스트레스에 반응하는 자세 |

스트레스를 받았을 때 일으키는 긴급한 반응을 "공격 또는 도피 반응Fight-or-Flight response"이라 부르기도 한다. 이 말은 20세기 초 하버드 의대 생리학자 월터 캐논Walter B. Cannon에 의해 처음 명명되었다. 이 반응은 스트레스를 야기하는 위협적인 장면을 만났을 때 나타나는 일련의 생리적인 변화이다. 다시 말해 원시시대의 사람이 호랑이와 같은 맹수의 공격에 직면했을 때 호랑이와 맞서 싸우거나 아니면 도망가야만 할 절체절명의 위기 때 자동적으로 나타내 보이는 생리학적 변화인 것이다. 그러나 현대인은 원시시대의 사람처럼 위협적인 장면에 부닥칠 일이 거의 없지만 위협적 장면과 일상의 스트레스 장면을 잘 구분하지 못해 위협적인 장면이 아님에도 불구하고 상상을 통해 위협을 느껴 공격 또는 도피 반응을 보이게 된다.

당신의 삶 속에서 일어났던 어떤 무시무시한 사건이나 혹은 최근에 보았던 어떤 공포영화를 한번 상상해 보라. 또는 당신이 탄비행기가 갑자기 한쪽으로 심하게 기울어져 추락 위기에 놓여 있다고 상상해 보라. 가능하면 이런 위협적인 장면을 실감나게 상상해 보라. 이런 위협 장면에서 당신의 몸에서 일어나는 변화를 느껴보라. 심장 박동, 호흡 그리고 긴장된 몸, 손아귀에 고인 땀 등….

공격 또는 도피 반응은 시상하부 hypothalamus라는 뇌 부위의 통제를 받는다. 신체적으로나 정서적으로나 혹은 실제이거나 상상이거나 어떤 위험에 직면하면 시상하부는 교감신경계를 통해 에피네프린 아드레날린이라고도 불림이나 노르에피네프린 노르아드레날린이라고도 불림그리고 그 외의 관련된 호르몬을 혈액에 분비하게 된다. 이 호르몬들이 혈액 속으로 급히 방출되면 각성 상태로 몰고 가게 된다. 그래서 신진대사, 심장박동, 혈압, 호흡률 그리고 근육 긴장도가 크게 증가하는 생리적 변화가 나타난다.

최근 공격 또는 도피 반응의 효과를 연구한 과학자들은 이 반응을 방치해 두면 영구적이고 유해한 생리적 변화를 일으키게 된다는 결론을 내리게 되었다. 공격 또는 도피 반응은 원시시대의 사람들에게는 살아남는 데 매우 유용한 반응이었음에 틀림없고 또 현대인도 위기에 직면했을 때는 매우 필요한 것이다. 그러나 현대 생활 속에서 일어나는 자질구레한 스트레스 상황이나 자극들은 싸우거나 도망갈 만한 긴급 반응을 일으킬 필요가 없음에도 불구하고 수시로 이런 반응을 일으킨다. 그러므로 우리는 이런 위험한 생리적 반응이 일어나는 것을 적절하게 통제하는 기술을 배워, 현대인이 겪는 스트레스가 건강과 안녕에 미치는 부정적 영향을 최소화하지 않으면 안 된다.

박○○씨는 45세의 회사원으로 두통이 자주 일어나 라이프스타일 센터에 온 환자이다. 그는 오랜 경험을 통해 자신의 두통 발생과 자신의 직업 스트레스 사이에 어떤 관련이 있을 것이라고 짐작했었다. 그는 이완반응을 일으키는 것을 학습한 후 두통이 사라졌다. 그는 자신의 일기장에 다음과 같이 기록했다.

"나는 매일 만트라 명상을 하루 두 차례씩 실천하였으며, 내 몸이 균형을 잘 유지할 수 있도록 호흡훈련을 계속했다. 나는 이완을 하는 것이 나의 건강 유지의 관건이라는 것을 알게 되었다. 이제 이완반응의 실천은 나의 삶의 일부가 되었다. 명상을 통해서 이완을 계속할 것이다!"

4
마음 훈련으로 몸을 통제한다

1968년 하버드 의대를 졸업하고 순환기 내과를 전공하면서 고혈압 발생 원인에 관한 연구를 하고 있던 허버트 벤슨 Herbert Benson 이라는 젊은 의사가 있었다. 그는 원숭이를 사용하여 당시 한참 유행하던 조작적 조건 반응이라는 학습 실험을 통해 혈압을 스스로 통제하는 바이오피드백 biofeedback 이라는 실험을 하고 있었다.

원숭이의 혈압이 상승할 때는 백색광선을 비춰 주면서 먹이를 주지 않았고, 혈압이 하강할 때는 청색 광선을 비춰 주면서 먹이를 주었다. 이런 훈련을 통해 원숭이는 자신의 혈압을 스스로 낮출 수 있게 되었다. 원숭이가 혈압 약을 먹지 않고도 스스로 자신의 혈압을 떨어뜨릴 수 있다는 이 실험의 결과는 매스컴의 주목을 끌었다. 그 당시 초월명상 Transcendental Meditation: TM 을 수련하고 있던 몇 명의 수행자가 벤슨의 연구실로 찾아와 명상 수련을 통해 자신의 혈압을 낮출 수 있다고 주장하면서 벤슨 박사가 그들을 대상으로 삼아 연구해 줄 것을 간청하였다.

당시 벤슨 박사와 함께 스트레스가 고혈압의 원인이 된다는 것을 연구하던 동료들조차도 TM수련자의 주장을 믿으려 하지 않았고 또한 이런 연구가 주류 의학의 연구 주제가 되지 못하므로 그런 연구에 참여하려 하지 않았다. 그래서 처음에는 벤슨 박사조차도 주류 의학에서 벗어난 이러한 연구에 참여하는 것을 꺼려하여 TM 수련자의 요구를 정중하게 거절하였다. 그럼에도 불구하고 이 수련자들이 계속 찾아와 거듭 요구하자, 벤슨 박사는 명상 수련 시 그들의 몸에서 일어나는 몇 가지 결정적인 생리학적 반응을 측정하는 데 동의하게 되었다. 같은 시기에 캘리포니아 대학_{어바인}의 생리학자 월라스_{Robert Keith Wallace} 박사와 윌슨_{Archie F. Wilson} 박사도 벤슨과 유사한 연구를 진행하고 있었다. 그리하여 이 세 사람의 연구자는 조용히 앉아 마음을 한 곳에 초점을 잡아 흔들리지 않으면 신진대사와 심장박동률이 느려지며 호흡률이 감소하고, 뇌파가 느려지는 등의 몇몇 중요한 생리학적 변화가 일어난다는 것을 발견하게 되었다.

이들이 발견한 것은 명상 수행자가 자신의 생리학적 기능을 임의로 통제할 수 있다는 것을 의미한다. 이것은 곧 마음 훈련으로 생리적 기능을 유익한 방향으로 바꾸어 건강에 이롭게 사용할 수 있으므로 약물 사용과 같은 의학적 처치의 요구를 감소시킬 수 있을 것이란 가능성을 내다보게 한 것이다. 이런 발견을 접하고 흥분한 벤슨 박사는 우리 모두가 선천적으로 공유하고 있는 이런 '자연적인 회복 현상_{natural restorative phenomenon}'을 이완반응_{relaxation}

response이라 불렀다. 다시 말해 공격 또는 도피 반응을 상쇄하는 기제counterbalancing mechanism가 우리 몸속에 선천적으로 존재한다는 선각자들의 발견이 최근의 과학자들에 의해 증명된 것이다. 즉 시상하부의 어느 부위를 자극하면 스트레스 반응이 일어나는 것처럼 또 다른 부위의 시상하부를 자극하면 이완반응이 일어난다는 것이다. 이완반응은 도피 반응의 효과를 상쇄시키면서 다양한 생리학적 변화를 일으킨다. 이완반응에 의한 생리적 변화들은 하나의 통합된 방식으로 일어나는 것이 특징이다. 공격 또는 도피 반응의 생리학적 변화와 이완반응의 변화를 서로 비교해 보자.

	공격 또는 도피 반응의 생리적 변화	이완반응의 생리적 변화
신진대사	증가	감소
심장박동률	증가	감소
혈압	상승	하강
호흡률	증가	감소
근육 긴장	증가	감소

스트레스가 공격 또는 도피 반응을 일으키지만 명상을 통한 이완반응은 스트레스의 유해한 효과를 상쇄시킬 수 있는 것이다. 공포 장면을 상상하면 심장박동이 증가하는 것처럼 당신의 마음을 느긋하게 이완하면 심장박동을 낮출 수도 있고 혈압도 낮추어 심장병을 예방하거나 치료할 수 있다.

공포 또는 도피 반응과 이완반응 간의 또 다른 유의미한 차이는 공격 또는 도피 반응은 불수의적 마음대로 되지 않는으로 일어나는 데 반해 이완반응은 수련에 의해 원할 때는 임의적으로 일으킬 수 있는 수의적인 것이다. 따라서 명상을 수련한 사람은 언제나 위기에 처했을 때 이완반응을 임의로 일으킬 수 있어 생명을 구하고 위기를 극복할 수 있다.

5
이완반응을 일으키는 방법

이완반응 수련을 규칙적으로 실천하면 해방감을 느끼고 몸의 긴장이 풀려 편안한 상태가 유지된다. 우리는 흔히 "움켜쥐고 있던 것을 내려놓는다."거나 "애써 붙잡고 있던 것을 풀어 해방 준다."라는 의미의 말을 자주 쓰며, 좀 더 흔한 말로는 "집착을 내려놓는다." 또는 "욕심을 버렸다."는 말을 많이 쓰고 또 많이 듣기도 한다.

애써 붙잡고 있던 것을 내려놓으면 심리적으로 긴장이 풀리기 때문에 편안함을 느끼게 되고, 또 긴장이 풀리면서 근육이 이완되어 몸이 가벼워지는 것을 느끼게 되는 것은 지극히 상식적인 것이다. 만약 호흡을 천천히 깊이 하면서 숨을 내뱉을 때마다 호흡과 함께 긴장감을 내려놓으면 근육의 긴장이 이완되면서 정서적으로 편안하게 느껴지고, 골치 아프고 걱정거리로 얼룩져 있는 온갖 생각들이 사라지는 것을 맛보게 될 것이다. 이처럼 사람은 누구라도 긴장을 내려놓는 이완 훈련을 규칙적으로 하게 되면 몸과 마음이 편안하게 되는 이완 능력을 키울 수 있다.

인도에서는 원숭이를 잡을 때 매우 독특한 방법을 사용한다. 원숭이가 갓 익은 과일을 훔쳐가 애써 지은 농사를 망치게 되는 경우 농부들이 원숭이를 잡기 위해 교묘한 방법을 사용하는데, 농부들은 코코넛에 원숭이의 한 손을 폈을 때 들어갈 만한 작은 구멍을 파고 그 속에 원숭이를 유혹하는 과일을 넣어둔다. 욕심 많은 원숭이가 코코넛 구멍 속에 손을 뻗어 그 과일을 움켜잡고 나서 움켜잡은 손을 바깥으로 빼내려고 한다. 하지만 움켜쥔 손으로는 빠져나올 수가 없다. 원숭이가 과일을 내려놓고 손을 빼려 하지 않는다면 작은 구멍에서 손을 빼낼 수 없게 되어 결국에는 붙잡히고 만다. 원숭이와 같이 우리도 성가시게 하는 신체적 고통의 증상이나 행동 양상들의 원인이 되는 욕심이나 긴장을 내려놓지 않는 한 고통을 피할 길이 없다. 따라서 우리는 긴장을 내려놓는 방법을 학습해야 할 필요가 있다.

많은 사람들이 자신의 몸을 이완시키는 데 어려움을 토로한다. 자기는 이완되었다고 생각하지만 몸은 여전히 굳어 있다. 세상의 수많은 요구들을 흥분하지 않고 편안하게 받아들일 수 있는 넉넉한 마음을 길러야 한다. 한 순간도 쉬지 않고 끊임없이 동요하는 마음을 한 곳에 머무르게 훈련한다는 것은 너무나 어려운 과제이지만 그렇다고 해서 불가능한 것도 아니다. 흔들리는 마음을 한 곳에 머물게 하면 마음이 안정될 뿐만 아니라 몸도 또한 안정된다.

앞서 본 것처럼 이완반응을 일으키기 위해서는 무엇보다 먼저 몸과 마음을 '내려놓는' 이완 연습을 해야 한다. 이완반응이란 모든 사람이 태어나면서부터 갖고 있는 생리적 반응이기 때문에 조금만 주의를 기울여 훈련하면 쉽사리 일으킬 수 있는 반응이다. 예컨대 해안가에서 일광욕을 즐기기 위해 모래 위에 편안하게 누워 있는 경우라던가, 밤에 잠들기 위해 아늑한 침대에 누워 있을 때를 한번 상상해 보라. 이런 때는 마음이 느긋하고 몸이 편안한 상태가 되는데 이것이 바로 이완반응 상태이다. 이런 이완반응을 일으킬 수 있는 능력은 누구나 갖고 있이 쉽게 학습할 수 있는 것이다.

이완반응은 산만한 마음을 어느 한 곳에 모을 수만 있다면 나타나는 반응이기 때문에 옛날부터 동서양을 가리지 않고 다양한 방식으로 마음을 집중하는 명상법들이 전해져 왔다. 요즘 세계적인 심신의학클리닉에서 이완반응을 일으키기 위해 임상에서 사용하는 이완반응 프로그램으로는 다음과 같은 것들이 있다.

【 표. 심신의학클리닉에서 사용하는 다양한 이완반응 기법 】

—

횡격막 호흡법 Diaphragmatic Breathing

일반 명상법 Meditation

신체관찰법 Body Scan

마음챙김 명상법 Mindfulness

반복적인 운동법 Repetitive Exercise

반복적인 기도법 Repetitive Prayer

점진적 근육 이완법 Progressive Muscle Relaxation

요가 스트레칭 Yoga Stretching

심상법 Imagery

—

위의 표에 예시된 여러 가지 이완 기법들은 두 가지 기본적인 공통점을 갖고 있다. 즉 하나는 어떤 특정한 단어, 소리, 구절, 기도문만트라, 이미지 혹은 신체적 활동 등을 계속하여 반복repetition 하는 것이고, 다른 하나는 이완하고 있는 도중에 잡다한 생각이 떠오르더라도 이런 잡다한 생각을 문제 삼지 않는 수동적인 태도를 갖는 것이다.

이 장과 다음 장에 기술되어 있는 다양한 방법의 이완반응 기법들을 실제로 사용해 보면 어떤 기법이 다른 기법보다 효과가 더 좋다거나 또는 두어 가지 기법들을 적절하게 혼용해 보면 효과가 더욱 좋아진다는 것을 알게 될 것이다. 이렇게 하다 보면 몇 가지 기법을 적절하게 결합하여 자신의 건강 증진에 가장 효과적인 자기 나름의 고유한 이완 방법을 만들어낼 수 있게 될 것이다.

이제부터 이완 기법들을 소개할 것이다. 당신은 당신의 건강 증진을 위해 이 기법들 가운데 몇 가지를 골라 자신에게 적합한 방법을 개발해 보기 바란다. 이완반응 학습의 기본 목표는 심신의 건강 증진에 간편하고, 실천적이고, 궁극적으로는 영성의 변화까지도 일으킬 수 있는 것이어야 한다는 것을 염두에 두기 바란다. 세계적으로 잘 알려진 하버드 의대의 심신의학연구소를 비롯한 많은 임상센터에서는 수십 년간 이완반응 프로그램을 실천한 후 환자들을 관찰했더니 다음과 같은 변화가 발견되었다고 한다.

- 스트레스 관련 신체적 징후들의 감소
- 불안의 감소
- 강박적인 근심 걱정, 자기-비난 그리고 부정적 생각으로부터 해방감
- 주의집중력과 각성의 증가
- 수면의 개선
- 자기-수용감의 증가
- 수행능력과 효율성의 증가

위에 든 변화들은 오직 정기적으로 꾸준하게 이완반응을 실천해야만 일어날 수 있는 것이다. 하버드 의대 부속 병원의 카스^{Jared Kass}라는 심리학자는 앞서 예시한 이완 기법 가운데 어떤 것이든 매일 정기적으로 수련하면 영성과 관련 있는 긍정적인 태도가 의미 있게 증가한다고 주장한다. 영성과 관련 있는 긍정적 태도란 삶의 목표감과 만족감이 증가하는 태도와 관련 있는 것이다. 다시 말해 이완반응을 정기적으로 실천했더니 건강을 증진하는 태도가 증가하는 동시에 병적 징후의 빈도는 감소되는 것을 발견한 것이다.

필자가 관련했던 대학병원의 라이프스타일 센터나 스트레스대처연구소의 MBSR훈련에 참여한 환자들도 위와 비슷한 결과를 나타냈다. 8주짜리 MBSR이라는 마음챙김 명상을 기반으로 하는 스트레스 감소 훈련 프로그램에 열심히 참가하고 수련용 숙제를 착실히 한 사람은 보다 마음이 편안해지고 기분이 좋아졌다. 뿐만 아니라 자기 수용적이 되어 보다 행복해 하고 신체적 고통이 줄어들고 우울과 불안, 적개심, 의심과 같은 생각이 의미 있게 줄어들었다.

일반적으로 명상을 수련한 환자들은 과거나 미래에 대한 병적인 집착에서 벗어나 현재 이 순간에 보다 충실해져 지금 하고 있는 일에 보다 즐거워하는 것을 배우게 된다. 요약하면, 비록 환자마다 믿는 종교나 문화의 전통이 다르다고 하더라도 자신에게 맞는 적절한 명상 방법을 택해 꾸준히 규칙적으로 실천하면 이완반응의 유익한 점들을 즐길 수 있다는 것이다.

N씨는 모 법학전문대학원에 재학 중인 여학생이다. 그녀는 수업 시간에 과제발표를 해야 할 때마다 너무나 심한 불안과 공포에 사로잡혔다. 그녀는 발표 불안증을 해소하기 위해 도움이 절실했었다. 그녀는 불안 때문에 마비 현상이 일어나는 것을 보고 자기는 법학 전공을 더 이상 계속할 수 없어 변호사가 될 수 없을 것이라고 생각할 정도였다.

8주의 명상 훈련이 끝난 후 N씨는 다음과 같은 기록을 남겼다. "나는 불안 때문에 심신클리닉에 찾아갔고 그곳에서 마음챙김 명상을 했더니 극복할 수 없다고 믿어왔던 병적 불안을 해결하는 데 도움이 되었다. 나는 불안 상황을 스스로 통제하는 것을 배워 불안과 관련된 무서운 신체적·심리적 징후를 극복할 수 있게 되었다. 그곳에서 배운 마음챙김 기술로써 나는 이제 수업시간에 남이 보아도 놀랄 만큼 발표를 잘할 수 있게 되었다. 내 친구들은 이렇게 달라진 내 모습을 보고 '어떻게 그렇게 잘 할 수 있어?'라고 묻는다. 나는 그들에게 바로 지금 그곳에서 멈추어서서 '이완하고 심호흡 해.' 그리고 '모든 것은 오직 마음에 달려 있어.'라고 대답해 준다."

4장
호흡 수련과 이완반응

1
스트레스를 부르는 불량한 호흡

"생명은 호흡에 달려 있으므로 만약 반밖에 호흡을 못하면 반밖에 살지 못한다."라는 격언이 있다. 호흡하는 방법에는 여러 가지가 있다. 호흡에 주의의 초점을 두고 호흡하면 스트레스에 효과적으로 대처할 수 있고 이완반응을 일으킬 수 있다. 자신의 호흡에 대해 알아차림하고 의식적으로 통제하면서 호흡하는 것이 이완반응을 일으키는 수많은 방법들 가운데 가장 중요하다.

흔히 숨을 들이킬 때 아랫배가 안으로 들어가고 대신 가슴은 앞으로 나오게 호흡하는 경우가 있는데, 이런 식의 호흡은 자연스런 호흡과 반대되는 것으로 몹시 해로운 결과를 초래한다. 이런 식의 호흡, 다시 말해 아랫배는 들어가고 가슴은 위로 치솟도록 하는 호흡은 자연스런 호흡이나 심호흡과는 정반대되는 불량한 호흡이다.

계속 이렇게 가슴으로 호흡하는 것이 습관화 되면 여러 가지 질병이 발생한다.

자연에 사는 동물들의 호흡을 관찰해 보면 흥미 있는 현상을 관찰할 수 있다. 무서움을 느끼지 않는 사자, 호랑이, 표범과 같은 맹수들은 아랫배로 천천히 호흡하지만 먹잇감으로 쫓기는 동물들인 영양, 사슴, 토끼, 쥐 등은 모두 얕고 빠른 가슴 호흡을 한다. 이런 동물들은 언제 어디에서 맹수가 나타나 덮칠지 모르기 때문에 불규칙적이고도 빠른 가슴 호흡을 하는 것이다.

불안할 때는 얕은 가슴 호흡을 하면서 신체적으로 긴장된다. 이러한 얕고 불규칙적인 호흡은 규칙적이고 자연스런 심호흡을 억제하게 되어 여러 가지 신체적 증후를 일으킨다. 자신의 호흡 패턴을 스스로 알아본다는 것이 스트레스가 신체, 감정 또는 생각에 미치는 나쁜 영향을 알아차릴 수 있게 하는 일차적 단계가 되는 것이다.

"자, 이제부터 자기 자신의 호흡 패턴에 주목해 보자. 당신의 숨 쉬는 양상을 한번 살펴보라. 들이쉬는 호흡흡식과 내쉬는 호흡토식 간에 균형이 이루어지고 있는가? 아니면 흡식이 토식보다 더 길거나 짧은가? 한 번 들이쉴 때마다 충분한 공기를 들이 마신다고 느껴지는가? 아니면 부족하다고 느껴지는가? 숨을 쉴 때 주로 아랫배가 움직이는가, 가슴이 움직이는가?"

한 번 숨 쉴 때마다 산소가 몸속으로 들어와 몸에 자양분을 제공해 준다. 폐로 들어온 산소는 혈류로 옮겨간 후 모든 신체 부분들로 전달되어 에너지가 된다. 부산물인 이산화탄소탄산가스는 혈류를 따라 거꾸로 폐로 이동된 후 내쉬는 호흡을 통해 몸 밖으로 배출된다. 우리는 생명을 지탱하는 이 중요한 호흡 과정을 일반적으로 의식하지 못하고 살아간다. 물론 우리가 호흡을 주목하거나 주목하지 못하거나 관계없이 호흡은 이루어지지만 우리가 의식적으로 호흡을 알아서 통제하게 되면 매우 유익한 생리적 현상이 일어날 수 있다.

호흡은 기본적으로 두 가지 방식이 있다. 첫째는 횡격막 호흡 또는 복부 호흡이라는 것이고, 두 번째는 가슴 호흡 또는 흉부 호흡이라는 것이다. 일반적으로 우리의 호흡은 이 두 가지 방식이 서로 연결되어 있다. 그러나 가슴 호흡으로부터 횡격막 호흡 쪽으로 바뀌는 것이 좋은 것이다. 두 가지 유형의 호흡을 다음 그림을 보고 서로 비교해 보자.

가슴 호흡은 얕은 호흡으로 숨을 들이킬 때 가슴이 앞으로 나오고, 어깨가 위로 들려 올라가는 것이 특징이다. 우리가 스트레스를 받으면 얕은 호흡을 하게 되고 불규칙적이 되어 숨을 들이쉬고 내쉬는 것이 불완전하게 된다. 이런 가슴 호흡 때문에 답답함을 느끼

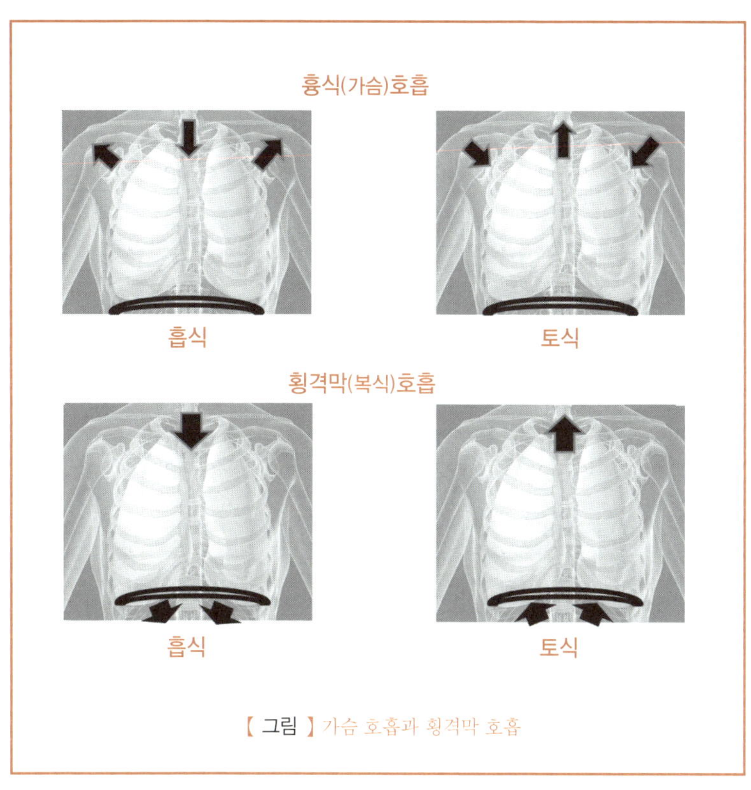

【 그림 】 가슴 호흡과 횡격막 호흡

고, 불편감이 생기고, 충분하게 공기를 들이마시지 못한다는 불안
감을 느끼기도 한다. 가슴 호흡은 헐떡임과 같은 숨이 차 헐떡이는
증상을 보이기도 하고, 가슴이 조여 오는 답답한 증상도 보이게 된
다. 대부분의 사람들은 평소에 주로 이런 가슴 호흡을 무의식적으
로 한다는 점을 주의해야 한다.

❷
불안과 긴장을 통제하는 좋은 호흡

횡격막이란 폐와 복부를 가르는 근육 층으로 마치 반구형의 덮개 막처럼 생긴 큰 근육이다. 숨을 들이쉬면 이 횡격막 근육은 수축하여 복부 방향인 아래쪽으로 내려가기 때문에 폐 속으로 공기가 유입하게 된다. 숨을 내쉴 때는 횡격막이 이완되어 폐 방향으로 위로 움직이기 때문에 이번에는 폐로부터 공기가 바깥으로 배출되게 된다. 가슴 호흡에서 횡격막 호흡 쪽으로 호흡 패턴이 바뀌게 되면 가슴 호흡에 따른 제한된 호흡 양상이 확장된 호흡 양상으로 바뀔 수 있게 된다.

언뜻 보기에는 이처럼 간단해 보이지만 횡격막 호흡으로 호흡양상이 바뀌게 되면 스트레스 관련 신체적 증후를 일으키는 불안과 긴장 등을 통제할 수 있게 된다. 중요한 스트레스 관리 수단의 하나가 횡격막 호흡법이라는 최근의 과학적 발견은 "등잔 밑이 어둡다."는 속담의 진리를 새삼 느끼게 한다. 예부터 우리 문화에서는 횡격막 호흡을 단전호흡이라 불렀고 단전이란 배꼽 및 3센티미터 정도 되는 부위에서 안쪽으로 3센티미터 되는 곳에 있다고 믿었다. 국선도 수련과 같은 우리나라의 전통적 마음 수련에서는 단전호흡을 수련의 핵심으로 간주해 왔다. 수천 년 동안 이어온 단전호흡의 중요성이 오늘날의 생리학에서 그 가치를 과학적으로 인정하고 뒷받침하고 있는 것이다.

박씨는 36세의 중견회사 과장인데 공황 발작panic attack으로 라이프스타일 센터를 찾아왔다. 그는 횡격막 호흡호흡 명상 수련으로 크게 도움을 받았다. 그의 경험담을 들어보자.

"나는 공황 발작이 시작되어 숨이 막혀 죽을 것 같은 느낌이 들 때마다 몸을 뒤로 젖히고 앉아서 아랫배로 호흡을 하였더니 공황 발작이 사라졌다. 이렇게 하는 것이 마치 119 호출에 의해 긴급 구제되는 것과 같이 느껴졌다. 횡격막 호흡은 나를 지속적으로 도와주기 위해 내 곁을 지키고 서 있는 존재처럼 느껴졌다. 그 호흡은 내 병을 치료하는 데 직접 연관되어 있는 것 같았다. 이 호흡이야말로 정말 가치 있는 것 같다. 횡격막 호흡이야말로 모든 사람들이 함께 할 수 있는 좋은 수련이다. 내가 이렇게 말하는 것처럼 수많은 사람들도 나와 똑같은 효과를 보았다는 이야기를 듣게 되면 더욱 놀랄 것이다."

동양의 많은 심신수련가들은 마음과 몸의 균형을 이루기 위한 방법으로 단전호흡횡격막 호흡을 강조해 왔다. 세계적으로 널리 알려진 베트남 출신의 시인이자 마음챙김 명상 수련자인 틱낫한^{Thich} Nhat Hanh 스님도 "마음과 몸의 균형을 이루고 마음챙김과 마음의 집중을 얻기 위해 호흡 수련을 학습하라."고 강조하였다.

사람들이 새삼 새로운 방식으로 호흡을 시작하려고 하면 당황해 한다. 지금까지 해 오던 무의식적인 습관적 호흡 방식을 갑자기 새 로운 낯선 방식으로 바꾸려는 것이 생경하기 때문이다. 새로운 방 식의 호흡을 가르쳐 주면 환자들은 과연 "이렇게 숨 쉬는 것이 옳 은지 확신할 수 없어요."라고 처음에는 당황해 하기도 하고, 좌절 하는 수도 많다. 이런 반응은 보편적이고 매우 흔한 반응이지만 인 내심을 갖고 꾸준히 계속 실천한다면 누구나 쉽게 배울 수 있을 뿐 만 아니라 호흡이 깊게 율동적으로 이루어지면 여러 가지 도움이 되는 결과가 서서히 나타나기 시작한다.

【 **연습과제 4-1** 】 횡격막 호흡하기

—

"자, 지금 편안한 자세로 등을 기대고 앉은 채 당신의 호흡을 관찰해 보라. 눈을 지그시 감고 한 손을 배꼽 바로 아래 부위에 올려놓아라. 숨을 쉴 때마다 횡격 막이 움직이기 때문에 숨을 들이마실 때는 손이 위로 올라갈 것이며 숨을 내쉴 때에는 손이 아래로 내려 갈 것이다. 호흡을 계속 하면서 손이 위로 올라갔다가 는 아래로 내려가는 것에만 주의의 초점을 두어라."

—

                                            스트레스는 나의 힘

바로 이렇게 호흡하는 것을 횡격막 호흡이라고 하고 다른 말로는 아랫배 호흡, 단전호흡 또는 심호흡이라 부른다. 이 횡격막 호흡을 잠자기 전에 실시하면 잠들기 쉽고 숙면에 들어갈 수 있다. 그리고 아침에 일어나 새벽에 하면 머리가 맑아지고 산뜻한 기분으로 하루를 맞이하게 된다. 익숙해지면 앉거나, 서거나, 걷거나, 언제 어느 때라도 할 수 있다.

횡격막 호흡이 과연 건강에 도움이 될까 하고 의심할 수도 있겠지만 만약 분노, 공포 혹은 슬픔과 같은 심한 정서를 경험하고 있을 때 일어나는 심리적 현상을 관찰해 보면 쉽게 이해할 수 있을 것이다. 우리는 가끔 호흡에 끌려 헐떡이는 모습을 볼 수 있다. 예컨대 너무나 심하게 놀라면 숨을 헐떡거린다거나 쥐 죽은 듯 숨을 멈추고 있는 경우도 있다. 이처럼 강력한 정서는 횡격막 호흡을 방해하고, 얕은 호흡을 불러오게 한다.

이런 정서 상태에서 의식적으로 횡격막 호흡 쪽으로 주의를 옮겨 가게 되면 정서 반응의 강도를 낮출 수 있고 보다 효과적으로 주어진 상황에 잘 대처할 수 있게 된다. "화내기 전에 열 번만 심호흡^{횡격막 호흡}을 하라."는 오래된 격언이 있다. 실제로 이 격언대로 화를 내기 전에 열 번만 심호흡을 하고 나면 화가 나지 않는 것을 발견할 수 있을 것이다. 이처럼 횡격막 호흡은 분노, 불안, 공포, 슬픔과 같은 강력한 정서 반응의 독성을 해독시키는 데 탁월한 효과가 있다.

또 한 가지 중요한 것으로 호흡의 알아차림과 통증 관리 간에는 매우 중요한 관계가 있다는 것이다. 예컨대 산모가 출산을 할 때 산모에게 여러 가지 호흡 기법을 사용하도록 권장하는데, 이런 호흡법의 적용이 자연 분만을 유도하기 위한 중요 기법으로 간주되고 있다. 이처럼 호흡의 알아차림과 조절이 근육통, 요통, 견비통, 두통, 생리통 등 여러 종류의 만성통증관리에도 효과적인 방법으로 활용되고 있다. 호흡 기법의 수련을 통하여 통증을 더욱 악화시키는 정서 반응, 긴장, 공포를 분리시킴으로써 통각을 낮출 수 있게끔 학습할 수 있다. 즉 자신의 호흡에 주의의 초점을 맞춰 나감으로써 통증에 대한 감각이 바뀌기 시작하고 주의의 초점이 호흡으로 옮겨가면 결국에는 통증이 뒷전으로 물러가게 된다.

횡격막 호흡을 할 때 느끼는 미묘한 느낌을 경험하고 또 이 호흡을 통해 얻어질 수 있는 이점을 얻는 데까지는 오랜 시간이 걸리지 않는다. 인내심을 갖고 계속하면 머지않아 소망하는 바를 이룰 수 있다. 심신의학 프로그램의 효과 평가에서 환자들에게 어떤 프로그램의 내용이 그중 가장 유용했는가 질문해 보면 자신의 호흡을 알아차림 하는 것이 가장 좋았다고 답하는 것이 공통적이다. 그러므로 호흡훈련은 심신질병의 치유과정에 없어서는 안 될 최고의 수단이 될 수 있다.

 스트레스는 나의 힘

나 여사는 40세의 그래픽 디자이너이다. 그녀는 당뇨병 때문에 심혈관센터로 1차 내원하였다가, 그곳에서 당뇨병 징후를 보다 잘 조절할 수 있고, 삶의 균형을 보다 잘 유지할 수 있는 방법을 배우기 위해 심신클리닉을 추천받아 온 환자이다. 심신클리닉에서 이완반응을 야기하는 명상을 학습해 감에 따라 다음과 같은 변화를 체험했다고 기술하고 있다.

"나는 호흡훈련을 통해 이완반응을 학습하면서 나 자신을 보다 잘 통제할 수 있게 되었다. 나는 특히 횡격막 호흡과 같은 심호흡을 열심히 했는데, 이 호흡은 내 마음을 안정시키는 데 큰 도움을 주었다. 나는 마음이 침착해지면서 앞으로 일어날 일에 대해 어느 정도의 전망이 가능하게 되었다. 나는 좋은 느낌들을 전보다 많이 느끼게 되었고, 나 자신에 대한 보다 강력한 느낌이 난관을 돌파하는 힘이 된다는 것을 알게 되었다. 한때는 그저 나였을 뿐이던 내가 이제는 '할 수 있는 나'가 되었고, 할 수 있다고 긍정적으로 생각하게 되니까 더욱 행복해졌다."

호흡하는 동안 하복부의 상승과 하강을 알아차림 하는 방법 외에 숨이 드나드는 콧구멍에 주의의 초점을 두는 호흡 방법도 있다. 세심하게 주의하여 관찰하면 숨을 들이쉴 때는 공기가 약간 차갑게 느껴지고 내쉴 때는 약간 따뜻하게 느껴질 것이다. 호흡이 점차 조용해지고 규칙적으로 변하면서 들이쉬는 숨이 끝나고 내쉬는 숨이 시작되는 시간 사이의 잠깐 동안 멈추는 때가 있음을 알 수 있다. 이번에는 반대로 내쉬는 숨이 끝나고 들이쉬는 숨이 시작되는 사이에도 잠깐 동안 멈추는 시기가 있다는 것을 알아차릴 수 있는데, 이런 짧은 시간의 멈춤에 대해 주의를 집중하는 것도 큰 도움이 된다. 멈추는 동안의 알아차림이 바로 현재 이 순간의 고요한 정적감을 제공해 주기 때문이다.

3
호흡 헤아리기

이번에는 마음을 한 곳에 집중시키는 호흡법으로 수식관이란 호흡을 연습해 보자. 수식관이란 자신의 호흡을 헤아리는 것을 관찰한다는 뜻이다. 수식관은 호흡명상의 가장 기본이 되는 것으로 마음의 집중과 이에 따르는 이완감을 키우는 데 큰 도움이 되는 호흡명상법이다.

【 연습과제 4-2 】 수식관 호흡하기

—

"먼저 의자나 바닥에 편안한 자세로 앉아라. 그리고 눈을 살며시 감으라. 몇 번 깊고 천천히 횡격막 호흡을 하라. 횡격막 호흡을 계속해 가면서 이번에는 숨을 내쉴 때마다 수를 세기 시작하라. 열부터 시작해서 다음 번 내쉬는 숨은 아홉, 그리고 그 다음은 여덟…. 이렇게 내쉬는 숨을 거꾸로 세어 '하나'가 될 때까지 하라. 숨을 내쉴 때 숫자를 셈하는 것과 동시에 머리에서 발가락까지 온몸의 긴장을 몸 밖으로 내려놓는다고 상상하라. 숨을 내쉴 때마다 긴장을 내려놓음으로 점점 더 깊어져가는 이완감을 만끽하라."

—

:: 일상생활의 횡격막 호흡

횡격막 호흡이 점점 더 자연스러워져 가면 일상생활의 온갖 활동과 이 횡격막 호흡을 결합시켜 나가는 것을 배우기 시작하라. 예를 들면 아래 열거한 여러 가지 일상생활의 활동에 바로 뛰어들지 말고 적어도 3번 정도의 횡격막 호흡을 먼저 한 후에 다음의 일상 활동을 시작하라.

◐ 전화벨이 울렸을 때

◐ 집을 나와 외출하려고 할 때

◐ 멈춤 신호에 걸려 대기하고 있을 때

◐ 식사를 하기 전

◗ 새로운 과업 일거리을 시작하기 전

◗ 잠자리에 들어갔을 때

◗ 잠자리에서 일어났을 때

◗ 그 외 많은 일상 활동들

비록 호흡명상이 단순한 기법 같아 보이지만 이 기법은 몸의 긴장을 알아차리는 데 매우 유용한 방법이 되고 또 이런 호흡 명상을 계속하게 되면 몸의 긴장을 내려놓는 데 큰 도움이 된다. 뿐만 아니라 지치고 번잡한 일상생활 도중에 잠깐 동안 자신의 호흡을 알아차리고 호흡 쪽으로 의식을 가져오면 주의집중 능력이 살아나고, 현재 이 순간에 깨어 있어 활력감을 느끼게 된다. 따라서 호흡 쪽으로 의식을 되돌리는 것이 바로 몸과 마음을 안정시키고 활력을 주는 최고의 양약이 된다.

17세기의 카리바 에켄 Kariba Ekken 이라는 명상가는 이렇게 말했다. "만약 당신의 영혼을 편안하게 하려면 먼저 호흡을 조절하라. 왜냐하면 호흡이 잘 조절되면 마음이 평화로워지기 때문이다. 그러나 호흡이 거칠어지면 곧 문제가 생긴다. 그러므로 어떤 일을 시도하기 전에 먼저 호흡을 조절하라. 그러면 마음이 침착해지고 영혼이 평안해질 것이다."

민○○ 씨는 심한 공황 발작으로 인해 더 이상 일을 할 수 없게 된 40대 남자이다. 그는 막연한 불안 끝에 공황 발작을 일으켜 몇 번이나 응급실에 실려 왔다. 그는 만약 심장에 심각한 문제가 있어서 심장발작이 일어난다면 곧 죽을 것이라고 믿고 있다. 그는 심신 클리닉에서 호흡에 의식의 초점을 맞추는 방법, 다시 말해 횡격막 호흡법에 의해 이완반응을 일으키는 것을 학습했다. 1년 후 다음과 같이 말했다.

"나에게 일어난 모든 일은 너무나 놀라웠다. 1년 전 나의 불안은 너무나 심해 아무 일도 할 수 없었다. 당시 나는 심계항진^{가슴이 두근거리는 증세}, 현기증, 발한 등 각종 심신 증상을 동반하는 심각한 공황 발작을 보여주었다. 문자 그대로 엉망진창인 상태였다. 그때부터 매달 조금씩 나아졌다. 지금 나의 증세는 90퍼센트 이상 개선되었다. 현기증과 혼미감은 이제 사라졌으며 지난 4~5개월 동안은 약을 먹지 않아도 될 정도로 상태가 좋아졌다."

지금 민○○ 씨는 자신의 호흡 패턴을 의식적으로 알아차림 할 만큼 되었고 하루 한두 번씩 호흡명상도 한다. 그는 불안이 엄습해 올 때는 언제나 하던 일을 일단 멈추고 횡격막 호흡 연습으로 돌아간다고 했다. 그리고 마음이 편안해지면 불안을 일으킨 원인을 살피고 적절한 반응을 선택한다.

이번에는 또 다른 사례로 나○○ 씨의 경험을 들어보자. 나씨는 자영업을 하는 사업가인데 식도경련 때문에 고통 받고 있는 환자다. 그는 지난 6년 동안 가슴 통증과 심계항진 때문에 무척 고통이 심했고 심리적으로도 안절부절 했다. 그래서 그는 가슴 통증 때문에 병원에 입원하여 심장병약과 제산제를 복용했었다.

처음 횡격막 호흡을 배웠을 때는 과연 호흡이 심장병과 식도경련에 도움이 될 것인가에 대해 의심했었지만 횡격막 호흡을 계속해 나가면서 이 호흡이 자신의 징후를 개선하는 데 도움이 된다는 것을 확신할 수 있었다. 그는 건강에 관한 불안과 불규칙적이고 얕은 호흡 패턴 때문에 자신의 신체 상태가 몹시 굳어져 가고 있다는 것을 알게 되었다. 그래서 그는 천천히 몸을 푸는 규칙적 운동과 굳어진 근육을 푸는 데 도움이 되는 하타 요가와 스트레칭을 규칙적으로 실천하였다. 담당 의사는 그의 심신상태가 좋아지는 것을 확인하고는 심장약과 제산제 복용량을 서서히 줄여 갔다.

8주간의 프로그램이 끝난 후 사후 평가에서 그는 이 심신건강프로그램의 여러 부분 중 가장 유용한 부분이 바로 "적절한 호흡법과 그에 따른 이완이라는 간단한 방법을 알게 된 것"이라고 했다.

5장
이완반응을 일으키는 명상 ;
집중명상

1

이완반응 일으키기의 준비

이 장에서는 마음과 몸의 안정, 다시 말해 이완반응을 일으키기 위한 명상 방법에 대해 언급할 것이다. 먼저 이완반응을 일으키는 여러 가지 방법들을 차례로 알아본 후 그중 어떤 방법이 당신에게 가장 적합한 방법인가를 찾는 데 중점을 둘 것이다. 이완반응을 야기하는 여러 명상 방법들에 대해 열린 자세와 수용하는 태도를 가지는 것이 무엇보다 중요하다. 또한 새로운 명상법을 배우고 익히기 위해서는 꾸준히 실천해 가는 인내심이 필요하다.

이완반응을 일으키기 위해서는 다음과 같은 두 가지 요소가 공통점이다. 즉 첫째는 주의집중을 하기 위해서는 어떤 특정한 초점적 대상이 있어야 한다. 예컨대 선불교에서 특정한 화두를 참구하는 것이라든지, 기공수련에서 자신의 호흡^{단전호흡}을 관찰하는 것이

라든지, 진언^{특정한 단어나 구절, 기도문, 소리}을 반복적으로 되풀이하여
읊조리는 경우라든지, 단순한 특정 근육활동^{조깅, 수영, 실내자전거 타기}
등을 되풀이하는 것을 관찰함으로써 자신의 마음을 일상적인 생각
이나 걱정거리 쪽으로 빼앗기지 않도록 하는 것이다.

두 번째는 생각을 산란하게 하는 것에 대해 수동적인 태도를 취
하는 것이다. 이것은 당신이 주의의 초점 대상으로 삼은 것에 얼마
나 잘 집중해야 하는가 보다, 잡념이나 공상에 빠져들고 있다는 것
을 알아차림하고 주의의 초점 대상 쪽으로 되돌아가는 데 더 신경
을 써야 한다는 뜻이다. 잘 집중하기 위해 애쓰는 것보다 마음 상
태를 있는 그대로 알아차리고, 수용하고 제자리에 돌려놓는 것이
더 중요하다는 의미이다.

2

이완반응을 일으키는 여덟 단계

이완반응을 효과적으로 일으키기 위해서는 아래 언급하고 있는
여덟 가지 기본 단계를 거치는 것이 좋다.

:: 단계 1. 주의의 초점이 될 특정한 하나의 대상 즉, 단어, 구절, 또는

기도문 이런 초점대상을 만트라라고 한다 **등을 선택한다.**

주의집중의 초점 대상을 자신의 신념체계 종교적 믿음 체계와 잘 부합되는 것을 선택하는 것이 좋다. 예컨대 가톨릭 신자라면 '은총이 가득하신 마리아님', 개신교 신자라면 '여호와는 나의 목자이시니', 유태교 신자라면 '샬롬', 무슬림이라면 '알라' 등을 선택할 수 있을 것이고, 불교라면 '관세음보살'과 같은 것을 선택할 수 있을 것이다. 어떤 종교도 믿지 않는 사람은 '하나', '사랑' 혹은 '평화', '자비'와 같은 단어를 선택할 수 있고, 아랫배나 콧구멍과 같은 호흡과 관련된 특정 부위의 신체 부위에 초점을 둘 수도 있다 자세한 내용은 뒤에 다시 기술한다.

:: 단계 2. 편안한 자세를 취해 조용히 앉는다.

이완반응을 일으키기 위해 가부좌나 반가부좌 같은 취하기 어려운 자세를 강요하지 않는다. 다만 생각을 방해하지 않을 정도로 편안한 자세를 취해 앉도록 권한다. 방석 위에 앉아서 할 수도 있고, 의자에 걸터앉아서 할 수도 있다. 등을 수직으로 바로 세워서 하는 것이 이상적이다. 지나치게 편안한 소파에 기대앉으면 졸음이 오기 쉽다. 버스나 전철 등을 타고 가는 동안 할 수도 있지만 방해받지 않는 조용한 곳에서 하는 것이 이상적이다.

:: **단계 3. 눈을 감는다.**

실눈을 뜨거나 자연스럽게 눈을 감는다. 눈을 감는 데 힘을 들여서는 안 된다. 눈을 감는 것은 외부의 시각적 자극에 방해를 받지 않게 하기 위해서이다.

:: **단계 4. 근육을 이완한다.**

발가락부터 시작하여 발, 종아리, 무릎, 허벅지를 거쳐 복부로 올라오면서 온몸의 근육에 긴장을 이완한다. 복부를 지나 가슴 부위, 어깨, 팔, 목, 머리 부위로 올라가면서 근육의 긴장을 이완한다. 어깨를 부드럽게 좌우로 돌리고, 상하로 오르내리면서 힘을 뺀다. 두 팔을 들어 올렸다가 아래로 힘없이 내려놓는 동작을 한 뒤 자연스럽게 무릎 위에 올려놓는다.

:: **단계 5. 전천히 그리고 자연스럽게 호흡한다. 토하는 호흡을 할 때 선택한 단어나 구절^{만트라}을 반복하여 읊조린다.**

천천히 자연스럽게 규칙적으로 숨을 쉰다. 몇 초를 들이쉬고, 몇 초를 토한다는 따위의 강제성을 띠지 않고 자연스럽게 한다. 숨을 내쉴 때마다 앞에서 선택한 단어나 구절^{만트라}을 되풀이하여 읊조린다. 예를 들어 선택한 만트라가 '관세음보살'이라면 천천히 숨을 들이쉬었다가 내쉬면서 내쉬는 호흡과 함께 마음속으로 "관…세…

음…보…살….”을 읊조린다. 이것보다 더 긴 만트라 예컨대 ‘여호와는 나의 목자이시니’를 선택한 경우라면 내뱉는 호흡과 함께 마음속으로 이 문장을 읊조린다. 만트라는 한 번 내뱉는 호흡 동안 충분히 읊조릴 수 있을 정도의 길이로 정하는 것이 좋다.

∷ 단계 6. 수동적인 자세를 견지한다.

고요히 앉아서 만트라를 반복하면 잡념이나 공상이 일어나는 것은 피할 수 없는 일이다. 이런 잡념이 일어나는 것은 누구에게나 다 일어나는 극히 자연스러운 일이기 때문에 염려할 바가 못 된다. 잡념이 일어났다고 해서 이완반응이 일어나지 않는 것은 아니다. 잡념이 일어나면 “잡념이 일어나도 괜찮아.”라고 스스로에게 말하고 만트라의 반복으로 되돌아오면 된다. 다시 말해 잡념을 없애려고 애쓰는 태도를 취하지 말고, 조용히 만트라 읊조림으로 되돌아오면 된다. 이렇게 만트라로 돌아오면 비록 잡념이 엄습해 온다 하더라도 이완반응의 효과가 일어난다. 명상을 하다 보면 과연 내가 이완을 제대로 하고 있는지, 혹은 이완의 효과가 일어나고 있는지, 또는 언제쯤이면 이완 효과가 극치에 달할 수 있을지 등 별별 잡념이 계속 꼬리를 물고 일어난다. 그러나 비록 이러한 잡념이 일어나더라도 잡념 속으로 빨려 들어가지 말고 오직 ‘잡념이 떠올랐구나.’ 하고 알아차림 한 후 조용히 만트라 암송으로 되돌아가기만 하면 된다.

이완반응을 야기하는 명상훈련은 마치 매일 아침 세수하고 식사 후 이를 닦는 것처럼 일과의 하나가 되도록 해야 한다. 식후마다 칫솔질을 하면서 지금 내가 하는 이 칫솔질이 충치 예방과 구취 제거라는 목적을 위해 한다고 의식하는 사람은 별로 없을 것이다. 별다른 생각 없이 매 식후마다 양치질을 하다 보면 기분도 좋아지고, 충치 예방 효과도 있는 것처럼 이완반응의 효과도 매일매일 일과로 명상을 되풀이 하다 보면 자연스럽게 일어난다.

:: 단계 7. 한 번에 10분에서 20분 정도 한다.

이완반응 명상은 매일 단 몇 분씩만 해도 효과가 있다고 알려져 있다. 1~2분 잠깐 동안 하는 경우도 효과가 있지만 정기적으로 하는 경우 한 번에 10~20분 정도가 가장 좋다고 한다. 20분 이상은 지루한 감을 느끼고 솔린 경우가 있다. 연구에 의하면 20분 정도의 명상 효과가 6시간 정도의 수면효과와 맞먹을 수 있는 정도의 이완 효과가 있다고 한다.

:: 단계 8. 하루 두 번 정도 실천한다.

이완반응 명상을 하루 두 번씩 한다. 보통 아침 식사 전 새벽이나 잠자기 전 밤에 하는 것이 좋다. 새벽에 하면 가장 좋은데 그 이

유는 이때가 수면 동안 분비되었던 내분비 호르몬이 각성 시의 내분비 호르몬으로 교체되는 시기이기 때문이다. 수면 전에 하는 것은 낮 동안의 내분비 활동을 수면 중의 내분비 활동 양상으로 교체해 주기 때문이다. 식사 직후에는 하지 않는 것이 좋고 식사 후 2시간 이후에 하는 것이 소화에 도움이 된다. 수천 년의 오랜 기간 동안 금식 중 또는 단식 중 또는 이른 새벽에 명상을 많이 했다고 하는 것은 흥미로운 일이다. 아마 이때 명상을 하면 효과가 좋다는 것을 경험적으로 알았기 때문일 것이다.

이상의 여덟 단계를 통해 자신의 믿음 체계와 이완반응을 결합시키는 기본 방법에 대해 알게 되었을 것이다.

3
초점 대상에 마음 집중하기

이완반응을 일으키는 중요한 명상 방법이 바로 집중명상이다. 집중명상이란 하나의 특정 대상이나 어떤 특정한 일에 마음을 집중하는 마음 수련 과정이다. 이완반응을 일으키기 위해 집중명상을 할 때는 주의를 자신의 호흡이나 앞서 본 특정 단어나 기도문과 같은 초점 대상에 집중한다. 이렇게 집중하면 마음과 몸이 안정되기 시작하여 생리적·심리적으로 이완된다. 우리 모두가 잘 알고 있는 것처럼 우리의 마음은 몹시 번거롭게 움직이기 때문에 어느 한 곳에 초점을 잡고 머물러 있기가 힘들다. 마음이 한 곳에 집중하지 못하고 계속해서 흔들리는 것을 두고 번뇌, 망상, 공상이라고 한다. 이런 마음의 동요가 고통의 원인인 것이다. 따라서 마음의 동요 상태를 안정 상태로 바꾸는 집중명상이 마음 수행의 기본인 것이다.

이제부터 집중명상에 들어가는 실습을 해 보자. 똑바로 자리 잡고 앉아서 온몸에 긴장을 내려놓고 두 손을 무릎 위에 편안하게 내려놓는다. 1~2분 동안 눈을 감고 마음속에 어떤 일이 일어나고 있는지 한번 살펴본다. 당신의 마음이 지금 어디에 가 있는가? 과거로 갔다가 미래를 향해 달려가지 않는가? 어떤 종류의 생각이 마음속에 떠돌아다니는가? 불안과 긴장을 일으키는 '골치 아프게 하는 어떤 생각'이 떠오르지 않는가? 아니면 이번에는 편안하고 이완을 일으키는 '그 어떤 유쾌한 생각이 떠오르는가?'

이처럼 명상을 하고 있을 때 당신의 마음은 대단히 번거롭게 동요하고 활동적이라는 것을 알 수 있게 될 것이다. 그러나 이런 번잡한 생각에 대해 일일이 관심을 갖고 반응하지 않도록 하기 위해 몇 가지 특별한 방법이 있다. 먼저 당신의 마음, 즉 당신의 생각, 느낌 또는 감각이 불현듯 떠올랐다가 금방 사라지는 것을 단순하게 관찰하는 '관찰자' 혹은 '목격자'의 입장이 되어 보자.

당신의 주의가 외부의 자극으로 인해 방해받아 흔들린다는 것을 알게 되었을 때는 초점으로 삼은 단어나 구절 또는 횡격막 호흡 쪽으로 되돌아가라. 또한 명상을 하는 동안 어떤 일이 일어나든지 간에 판단 없이 모두 받아들이는 수용적 태도를 개발해 보자. 이번에는 어떤 특정한 생각 하나를 선정하여 그 생각에만 마음을 모아가도록 한다. 이렇게 하면 자기 자신의 생각의 발상, 변천, 그리고 소멸과 같은 마음의 전개 과정을 스스로 목격하게 될 것이다. 즉 어떤 특정 생각이 불현듯 머리에 스쳐 올라왔다가 그 생각이 변화되어가다가 드디어는 소멸해 버리는 과정을 살펴보라.

M여사는 디자이너인데, 유방암 치료 때문에 MBSR에 참여한 50대 여성이다. 그녀는 마음챙김 명상을 통해 그녀의 마음속에 진행되고 있는 생각을 알아차릴 수 있는 데 도움이 된다는 것을 발견하고 다음과 같이 언급하고 있다.

"내가 내 마음의 전개과정을 알아차리는 목격자가 된다는 것이 정말 가치 있고 의미 있는 것 같아요. 나는 암 환자로서 비록 신체에 이상이 있지만 내 자신 속에 영원히 불변하는 불성佛性을 갖고 있다는 믿음을 가지고 있으니까 참고로 이 환자는 불교신자였음 금 강석 같은 불변하는 힘이 나에게 부여되어 있어 언제나 그 힘과 함께 앞으로 나가고 있다는 생각이 떠올랐고 … 이런 생각을 하고 난 후부터 무한한 힘을 믿게 되었어요.”

영화 속의 공포, 분노 또는 슬픔과 같은 정서적 장면에 대한 느낌이 지나치게 강렬해 마치 그러한 사건이 실제로 나에게 일어난 것처럼 느껴 흥분할 때가 있다. 그러나 그 정서 장면은 스크린 위에 투영되어 나타난 영상에 불과하다. 그래서 “그것은 단지 영화일 뿐이야. 심호흡 몇 번 하고 정신 차려야지.” 하고 스스로에게 말하고 평소의 자기로 되돌아 갈 수 있다.

명상수련을 하면 자신의 마음을 애타게 하는 생각을 스스로 관찰하여 알 수도 있고, 어떤 것은 현실이며, 어떤 것은 단순한 상상에 불과한 것인지를 구분하여 알 수 있는 능력이 커진다.

이처럼 자동적으로 작동하는 부정적 생각의 악순환 고리를 끊어버리는 방법의 하나로 자기 스스로에게 “그런 생각은 이제 그만!” 이라고 한 후, 몇 번 횡격막 호흡을 한다. 그런 후 성가시게 하는 생각에 대해 “그것은 단지 상상일 뿐이야.”라고 말하고 상상이라는 라벨을 확실하게 붙인다. 그리고 나서 몇 번 더 심호흡을 하고 난 후에도 그런 상상이 다시 나타나더라도 거듭하여 "이것은 상상일 뿐이야."라고 하면 그 상상을 쉽게 내려놓을 수 있게 된다.

이처럼 성가시게 하거나 괴롭히는 생각에 시달리고 있다는 것을 알아차리는 순간, 그 생각을 "단지 걱정거리일 뿐."이라는 라벨을 붙이고 호흡이나 만트라 염송으로 의식을 되돌려라. 이처럼 간단하지만 매우 효과적인 이 기법을 사용하면 마음의 동요에서 벗어나 안정을 되찾을 수 있다. 이렇게 함으로써 불안이나 긴장에 휩쓸려가지 않고 불안과 신체적 긴장을 또렷하게 알아차릴 수 있다.

자신의 마음을 판단하지 않고 있는 그대로 관찰한다는 것이 부정적인 사고나 감정의 악순환 고리를 깨뜨리는 데 큰 도움이 될 수 있다. 이렇게 자신의 마음이 자신의 마음을 목격·관찰하는 것이 골치 아프게 하는 생각을 내려놓을 수 있는 능력을 키우는 방법이다.

4
이완반응 언제, 어디서, 어떻게

언제 | 이완반응은 하루가 시작되는 새벽녘에 하는 것이 가장 좋다. 왜냐하면 새벽에 하면 밤 동안 분비된 수면 물질을 활성물질 분비로 바뀌게 하기 때문에 하루 종일 기분을 좋게 한다. 또 식구

들과 함께 사는 경우 새벽에 하면 방해받지 않아 좋다. 만약 새벽에 할 수 없다면 점심이나 저녁 먹기 전에 하라. 이것도 불가능할 때는 잠자기 전에 하라. 정기적으로 이완반응을 할 충분한 시간이 없다면 단 몇 분이라도 적절한 시간을 내어 하라. 간디는 "명상은 아침을 여는 열쇠이며, 저녁을 닫는 걸쇠이다."라고 말했다. 가장 이상적인 것은 새벽에 이완반응 명상을 수련하는 것을 마치 식후에 칫솔질을 하듯 일상생활처럼 하는 것이다.

어디에서 | 가능하면 조용한 장소에서 하라. 전화벨 소리를 차단하거나 다른 사람이 불쑥 침범해 들어오지 않는 장소를 택하라. 포근하고 안전감이 느껴지는 장소라면 이상적이다. 당신이 선택한 명상 장소에 마음의 평화를 느끼게 할 수 있는 예쁜 꽃이나 그림 같은 것이 있다면 더욱 좋을 것이다.

어떤 자세로 | 편안함을 느끼게 할 수 있는 어떤 자세도 좋다. 방석을 깔고 앉아서 할 수도 있고 등받이가 있는 의자에 앉아서 할 수도 있다. 그 밖에 무릎을 꿇고 앉아서 할 수도 있을 것이고 맨바닥에 앉아서 할 수도 있다. 스스로 최적의 자세를 찾아 하면 된다. 다만 등을 똑바로 펴고 머리와 척추가 일직선이 되게 하면 더욱 이상적이다.

5
어떻게 마음을 한 곳에 머무르게 할 수 있을까?

명상을 통해 이완반응을 일으키려고 할 때 마음을 어떻게 초점화 해야 하는지를 두고 당황하게 된다. 모든 사람들은 단 몇 초간이라도 자신의 생각을 임의로 통제할 수 있기를 바라지만 실제로는 그러지 못한다. 그러나 다행히도 마음을 어느 한 곳에 모으는 다양한 방법이 있다. 이런 방법들이 갖는 공통점은 자신의 호흡을 알아차림 하는 내용이 공통적으로 포함되어 있다는 것이다. 이제부터 마음을 어느 한 곳에 붙잡아두는 다양한 방법들을 살펴보자.

1) 호흡하기

이미 앞 장에서 살펴본 것처럼 횡격막 호흡을 하면 쉽게 이완상태로 돌아온다. 쉽게 말해서 호흡 명상은 이완반응을 일으키기 위한 결정적인 열쇠이다. 먼저 몇 번 깊은 횡격막 호흡을 하여 주의가 내면세계로 돌아오면 그 다음에는 자연스러운 리듬에 맞추어 호흡하면 된다.

긴장이나 불안을 느끼게 되면 내쉬는 호흡을 들이쉬는 호흡보다 좀 더 천천히 하는 것이 도움이 될 것이다. 호흡이 점차 느려지고 깊어지면 이완반응이 자연스레 일어난다. 때때로 호흡이 순간적으로 멈추어 서는 것처럼 느껴질 수도 있는데 이런 현상은 매우 좋은 현상이다. 좀 더 수행이 진전되어 자신의 호흡을 알아보는 단계에 이르면 명상 도중뿐만 아니라 일상생활 속에서도 자신의 호흡을 알아차릴 수 있는데 이렇게 되면 심신의 안정과 균형을 유지해 가는 데 큰 도움이 된다. 틱낫한 스님은 『마음챙김 명상의 기적』이라는 책에서 "호흡은 몸으로부터 마음으로 연결하는 교량이다……호흡은 몸과 마음 양자를 하나로 연결시킨다. 이 둘이 하나가 되는 것이 몸과 마음의 내면을 비춰주고, 평화와 안정을 가져다 주는 것이다."라고 했다.

2) 초점 단어나 구절의 선택: 진언^{만트라} 명상

마음을 초점화 하는 데 가장 보편적인 방법은 자신의 호흡과 마음을 서로 일치시켜 연결하는 것이다. 다시 말해 호흡 자체에 집중한다거나 호흡과 특정 단어나 구절을 서로 연결하는 것이다. 의식을 집중시키기 위해 사용하는 특정 단어나 구절을 만트라라고 한다. 만트라mantra라는 말은 '보호한다는 뜻을 가진 말'로서 힌두교에서 먼저 쓴 말이며 불교에서는 이를 '진언眞言'이라고 한다. 마음이 어느 한 곳에 초점을 이루어 안정되면 부정적 생각이나 불안과 같은 것이 깃들 수 없다. 만트라 암송은 흔들리는 마음을 안정시켜 주는 닻의 역할을 하는, 명상의 핵심 부분이다.

따라서 만트라를 어떤 것으로 선택하느냐 하는 것은 매우 중요한 일이다. 개인적인 신념에 맞추어 만트라를 선택하면 최대의 이점을 얻게 된다. 만약 자신이 선택한 초점 단어가 자신에게 특별한 의미를 갖는 경우 명상의 효과는 더욱 커질 뿐만 아니라 이완반응 속으로 더 깊이 빠져들 수 있게 한다. 이처럼 명상에 따른 이완과 개인적 신념체계가 서로 결합한 것을 벤슨 박사는 '신념요인the faith factor'이라 불렀다. 그러나 어떤 사람들은 초점 단어를 신념 체계와 연결시키지 않고 보다 중립적인 단어나 구절을 선택하기도 한다. 어떤 경우이든 초점 단어는 명상의 열쇠이고, 이완반응을 일으키는 핵심이다.

초점 단어나 구절은 한 번 내쉬는 호흡에 따라 읊조릴 수 있을 만큼 너무 길지 않아야 한다. 아래 제시한 여러 가지 다양한 초점 단어나 구절의 예 가운데 자신의 신념체계에 알맞은 것을 선택하면 도움이 될 것이다.

불교나 힌두교를 위시한 동양의 종교에서는 전통적으로 명상수련을 중시하였으므로 명상수련에 사용되는 만트라가 많이 있다. 하지만 서구인들 특히 개신교나 유태교를 믿는 사람들은 이러한 만트라 선택에 거부감을 느낄 수도 있다. 벤슨 박사는 어떤 종교나 철학적 전통을 따르는 사람이라 하더라도 자신에게 알맞은 대안을 찾을 수 있다고 하였다. 개신교, 천주교, 유태교, 회교, 불교도를 위해 다음과 같은 기도문이나 문구를 만트라로 추천한다.

▶가톨릭

○ '은혜의 예수 그리스도' 등의 기도문

○ '하늘에 계신 우리 아버지', 혹은 '이름을 거룩히 여기시며'
　 와 같은 주기도문의 한 구절

○ '은총이 가득하신 마리아님'과 같은 성모송의 한 구절

○ '믿음과 사랑 안에 하나 되소서'와 같은 기도의 마지막 구절

▶개신교

○ '여호와는 나의 목자이시니' : 시편 23장

○ '나는 길이요, 진리요, 생명이니'

○ '하나님이 우리를 사랑하사'

▶유태교

○ 평화라는 뜻의 히브리어 '샬롬'

○ 하나라는 뜻의 히브리어 '에코드'

○ '네 이웃을 사랑하라'

▶회교

○ 신을 의미하는 '알라'

○ '네 주는 놀라운 분이시니'

○ '아흐둠, 알라는 위대하시니'

▶불교

○ 불보살의 명호: '관세음보살', '나무아미타불' 등

○ 각종 진언들: '옴마니반메훔'

○ 불경의 한 구절: '오온개공', '색즉시공' 등

▶종교를 믿지 않는 사람

○ '하나'

○ '이완'

○ '평화'

○ '태양'

○ '사랑'

○ '고요'

○ '내려놓아라 let it be'

하○○ 씨는 고혈압이 있는 60대 후반의 환자이다. 그는 부인과 사별한 몇 달 후부터 고혈압이 문제되어 통제 불능의 상태에 이르렀다. 그는 이완 명상이 고혈압 조절에 도움이 된다는 것을 알고 그에게 중요하다고 생각되는 초점 단어 만트라를 선택하였다. 그는 다음과 같이 이야기 했다.

"내 마음 속에 떠오른 첫 번째 단어가 '평화'였다. 왜냐하면 나는 내 몸에 평화가 오기 위해서는 우선 마음이 평화로운 상태가 되어야 한다고 생각했기 때문이다. '평화'라는 만트라 명상을 했더니 정말 놀라웠고 편안한 느낌이 들었다. 나는 이렇게 이완되고 나니 어떤 것이든 직면할 수 있다는 느낌이 들었고 그 덕분에 밤잠을 잘 잘 수가 있었다. 그리고 모든 일이 전보다 훨씬 더 나아졌다."

3) 초점 단어나 구절을 활용하기

이완된 자세를 유지한 채 초점 단어나 구절을 내쉬는 호흡에 맞추어 천천히 읊조리라. 단어가 하나 혹은 둘 정도로 간단할 때엔 내 쉬는 호흡에 맞추기만 하면 되지만 몇 개의 단어로 된 긴 구절일 경 우에는 일부의 구절은 들이쉬는 호흡과 함께 읊조리고 나머지 구절 은 내쉬는 호흡과 함께 읊조리도록 한다. 예를 들어 시편 23장의 '여호와는 나의 목자이시니'를 초점 구절로 선택하였다면 들이쉬는 호흡과 함께 '여호와는' 하고 읊조리고 내쉬는 호흡과 함께 '나의 목자이시니' 하고 읊조리면 되고, '관세음보살'을 선택했다면 '관 세음…' 하고 들이 마시고 '보…살…' 하고 숨을 토하면 된다.

이렇게 하다가 마음이 약간 안정되면 초점 단어나 초점 구절을 계속 의식하면서 읊조리는 것이 불가능해진다. 자신의 마음이 잡 념에 사로잡혀 표류하고 있다는 것을 알아차렸을 때는 '잡념이 있 어도 괜찮아.'라고 스스로에게 말한 후 잠깐 잊어버렸던 초점 단어 를 다시 읊조리면 된다. 이처럼 초점 단어를 놓치고 잡념 속에 빠 져드는 것은 누구나 다 경험하는 지극히 자연스런 현상이다. 이러 한 마음의 동요는 끊임없이 반복되는 것이므로 이럴 때마다 '괜찮 아' 하고 스스로에게 위로하고 호흡과 초점단어의 읊조림으로 돌 아가면 된다.

명상수련을 계속하면 명상하고 있는 동안 자신이 경험하고 있는 내용을 알아차리는 태도가 길러진다. 이러한 알아차림의 태도가 길 러짐에 따라 알아차림의 질적 내용 또한 개발되어 일상생활 속에서

부딪히는 문제들을 보다 쉽게 처리할 수 있는 능력이 길러진다.

【 **연습과제 5-1** 】만트라 명상연습

—

먼저 초점이 될 단어, 구절 혹은 기도문^{만트라}을 자신의 신념에 맞추어 선정한 다음, 자신의 호흡에 맞추어 반복적으로 읊조려 본다.

명상을 하는 도중 잡념 또는 공상이 스며들면^{이런 경우는 피할 수 없는 지극히 자} ^{연적인 현상}, 지금 이 순간 내가 공상하고 있다는 것을 알아차리고 조용히 호흡 과 초점 단어 쪽으로 돌아온다.

명상을 오래하면 생각이나 초점 단어에 대한 알아차림조차 잊어버리는 수가 있 다. 이때 마음은 지극히 고요한 경지를 경험하게 되는데 그런 적정의 경지가 나 타나면 그 상태를 즐기라. 당신의 마음이 다시 활동을 개시하기 전까지는 초점 단어나 호흡으로 일부러 되돌아갈 필요가 없다. 오직 고요한 적정의 경지에 머 물고 있는 것이 최상의 상태이다.

—

특별히 '좋은' 또는 '나쁜' 명상이란 없으며 전형적인 '표준 명 상'이란 것도 없다. 오랜 기간 동안 명상을 수련해 온 사람들조차 도 명상을 할 때마다 약간씩 다른 느낌을 받는다. 사람에 따라 어 떤 명상 유형이 다른 명상 유형보다 더 이완된 느낌을 줄 수는 있 고, 똑같은 명상 유형이라도 어떤 때는 다른 때보다 더 이완되는 느낌을 받거나 마음의 동요가 더 심해지거나 반대로 보다 안정적 인 기분을 느낄 때가 있다. 그러나 무엇보다 중요한 것은 마음이

흔들릴 때마다 흔들리고 있다는 것을 알아차리고서는 초점 단어^만

트라로 되돌아오는 일이다. 초점 단어를 암송하는 것은 마치 파도에

흔들리는 배를 일정한 곳에 안정시켜 주는 닻과 같은 역할을 하는

것이다. 마음이 흔들릴 때는 마음을 흔들어대는 생각, 느낌, 자극

등에 끌려가지 말고 초점 단어로 부드럽게 돌아가면 된다. 이렇게

끊임없이 흔들리는 자신의 마음을 살피고 초점으로 되돌아갈 수

있는 능력이 커져나가면서 불안으로부터 보다 평화로워지고 통제

불능의 마음 상태로부터 조절 가능한 마음 상태로 바뀌어져 간다.

이것이 바로 명상의 효과이다.

6

이완반응의 간단한 활용 약식 이완반응

일단 명상을 통해 이완반응을 일으키는 데 익숙해지고 나면 스

트레스도 줄어들고 불안도 줄어드는 것을 느낄 수 있게 될 것이다.

명상이 끝난 후도 상당한 시간 동안 마음과 몸이 한결 차분해짐을

느끼게 될 것이며 이런 기분이 온종일 계속되어 심신건강이 증진

된다는 것을 체험할 수도 있게 될 것이다. 그러나 일상생활 속에서

귀찮은 스트레스 사건들, 흔히 말하는 '열 받는' 사건들이 일어날

때 어떻게 대처하는 것이 현명할까? 예컨대,

- ◑ 시간은 분초를 다툴 정도로 급한데 신호등이 붉은색으로 바뀌었을 때
- ◑ 병원이나 병원의 대기실에서 진료받기 위해 초조하게 기다리고 있을 때
- ◑ 상사로부터 '지금 당장 오라'는 호출을 받았을 때
- ◑ 배우자가 '내가 열심히 이야기하는 것을 귀담아 들어주지 않을 때'
- ◑ 매우 중요한 고객에게 '어려운 전화를 걸어야 할 때'
- ◑ 긴 줄을 서서 '차례를 기다리고 있을 때'
- ◑ 만나기로 한 사람이 약속시간을 지키지 않아 대기하고 있을 때 등등

일상생활에서 이러한 귀찮고 화나는 사건들은 열거하기 힘들 정도로 많다. 이러한 귀찮은 사건들을 흔히 일상생활의 스트레스라 말한다. 이럴 때 단 몇 번의 심호흡을 통하여 이완반응을 일으키면 큰 도움이 된다. 몇 번의 횡격막 호흡과 같은 약식 이완반응은 여러 일상 장면 속에서 발생하는 스트레스 사태에 잘 적응해 나갈 수 있게 함으로 건강 유지에 대단히 유용한 방법이 된다. '약식 이완

반응'은 우리의 마음을 한껏 새롭게 해 줄 뿐만 아니라 몸에 힘을 실어주기도 한다. 다시 말해 주의집중력을 높여주고, 오감을 신선하게 느끼게 해 주어 삶이 더욱 싱싱해지고 남과 잘 어울리게 해주어 인간관계도 좋게 해 준다.

약식 이완반응에는 어떤 것이 있는지 보다 자세하게 살펴보기로 하자.

:: 첫 번째 방법 | 깊이 숨을 들이마신 후 횡격막 호흡 숨을 마신 채로 몇 초간 참는다. 그런 후 매우 천천히 숨을 내쉬면서 초점 단어나 구절 앞서 이완반응명상에서 연습한 것 을 읊조려라. 이것은 전형적인 만트라 명상이다.

:: 두 번째 방법 | 오른쪽 손을 배꼽 바로 아래 단전이라 부르는 곳에 놓아라. 숨을 들이쉴 때 손이 위로 올라가고 숨을 내쉴 때 손이 아래로 내려가는가를 살펴보라. 들이쉴 때 "열" 하고 세고 이어 토한 후 다음 들이쉴 때 "아홉" 하고 센 다음 토한다. 이런 식으로 '영'이 될 때까지 숨을 거꾸로 세는 것은 수식관이라 한다.

:: 세 번째 방법 | 두 번째 방법에서 한 것처럼 손을 단전 부위에 얹고 나서 숨을 들이쉴 때 하나…둘…셋…넷…까지 천천히 센다. 숨을 토할 때는 거꾸로 넷…셋…둘…하나… 하고 천천히 센다. 다시 말해 숨을 들이쉴 때는 하나, 둘, 셋, 넷 하고 토할 때는 넷, 셋,

　　　　　　　　　　　　　　　스트레스는 나의 힘

둘, 하나 식으로 세어간다. 이것은 만트라와 수식관을 합성한 방법
이다.

　:: 네 번째 방법 | 이번에는 숨을 들이쉴 때 '코'로 들이쉬고 토할
때는 '입'으로 내쉰다. 이런 호흡을 열 번 되풀이 한다. 이때 들이
쉴 때 들어오는 공기가 얼마나 차며, 내쉴 때 공기가 얼마나 따뜻
한가를 느껴본다. 이것은 마음챙김 호흡법의 하나이다.

　약식 이완반응의 효과를 연구한 결과들에 의하면 약식 이완반응
은 병원에서 검사나 치료를 받는 의료장면에서 불안과 통증을 다
루는 데 탁월한 효과가 있다는 것이 입증되었다. 다시 말해 이러한
의료 장면에서 약식 이완반응의 실천으로 불안과 신체적 통증이
유의미하게 감소된다는 것이다. 예컨대 치과병원 대기실에서 순서
를 기다리고 있을 때 또는 치과치료용 의자에 앉아 대기하고 있을
때 횡격막 호흡을 한다거나 호흡을 거꾸로 세는 수식관 호흡을 하
거나 초점 단어^{만트라}를 읊조리는 등의 약식 이완 호흡은 시술에 따
르는 불안을 누그러뜨리는 데 도움이 될 수 있다. 뿐만 아니라 실
제 주사를 맞는다거나 수술을 받는 도중 만트라 호흡을 계속하면
불안뿐만 아니라 통증을 관리하는 데도 큰 도움이 된다.

6장
마음챙김 명상

1
마음챙김이란 무엇인가?

마음챙김 mindfulness 이라는 명상은 초기불교의 마음 수행 전통에서 유래한 명상수련법의 하나이다. 이 마음수련법은 미얀마 등지의 동남아시아에서 위빠사나 vipassana 수행이라는 이름으로 수천 년간 전해져 오고 있는데, 오늘날은 미국, 영국, 캐나다, 독일 등 스트레스가 극성을 부리는 구미지역에서 스트레스 감소법으로, 만성질환자의 치료와 예방을 목적으로 많이 사용되고 있다.

"마음챙김에 기반을 둔 스트레스 감소 Mindfulness Based Stress Reduction: MBSR" 프로그램을 처음 개발하여 의료에 활용할 수 있는 초석을 쌓은 사람은 미국 매사추세츠 대학 의료원의 행동의학자 존 카밧진 Jon Kabat-Zinn 교수이다. 그는 마음챙김을 "현재 이 순간 일어나고 있는 경험에 대해 어떤 판단도 하지 않은 채 의도적으로 주의를 집중하는 것"이라고 정의한다. 마음챙김이란 과거의 기억이나 환상 또는 미래의 계획이나 걱정과 같은 것에 주의를 빼앗기지 않는 것이다. 또한 지금 행하고 있는 일에 얼빠진 채 건성으로 행하는 자동적인 행동을 하지 않는 것을 말한다.

따라서 마음챙김이란 "지금 이 순간 이곳에서 행하고 있는 경험에 대해 유쾌하거나 불쾌하거나 상관없이 오직 호기심과 관심을 갖고 열린 마음으로 그 경험을 살펴보고 받아들이는 것"이라고 정의할 수 있다. 이를 요약하면 "지금〔今〕, 이곳에서〔處〕, 일어나고 있는 경험에 대해 열린 마음〔心〕으로 바라보는 것〔觀〕"이다. 그래서 이 마음챙김 수행법을 불교의 마음수련에서는 염처念處, 관법觀法 또는 위빠사나 수행이라 부른다.

불교 수행 전통에서는 마음챙김 명상 수련을 삶의 괴로움〔苦〕을 벗어나 극락정토로 가는〔離苦得樂〕 수행의 근본으로 삼았다. 이 수행법은 알아차림·통찰·직관과 같은 지혜를 기르며, 평정심과 같은 이완된 마음과 자애·자비심과 같은 넉넉한 마음을 기르기 위한 수행법으로 발전해 왔다.

1970년대 후반에 이르러 미국이 베트남전에서 패배하고, 동남아시아의 불교초기불교 또는 근본불교가 서양에 본격적으로 알려지기 시작하면서 마음챙김 수행법이 스트레스에 시달리는 각종 만성병 환자나 우울증, 공황 장애, 성격 장애와 같은 정신 장애 환자의 임상

치료에 활용되기 시작했다. 카밧진이 마음챙김에 기반을 둔 스트레스 감소법Mindfulness Based Stress Reduction: MBSR을 1979년 처음 선 보인 후, 시걸Segal 등의 마음챙김에 기반을 둔 인지치료Mindfulness Based Cognitive Therapy: MBCT, 리네한Linehan의 변증법적 행동치료Dialectical Behavior Therapy: DBT 그리고 헤이스Hayes 등의 수용과 전념치료Acceptance and Committment Therapy: ACT와 같은 마음챙김 명상에 기반을 둔 심리치료법이 서양의 심리학과 정신의학에 잇따라 선보이게 되었다. 2000년대 들어오면서 MBSR은 이미 미국의 중요 의료원 240여 곳에서 실시되고 있는 의료용 프로그램이 되었고, 1990년대부터 의료보험이 적용되는 프로그램이다. 이제 미국 심리학이나 정신의학에서는 마음챙김 또는 수용전념치료가 인지행동치료의 제3물결이라 불리며 크게 유행하고 있다.

마음챙김에 기반을 둔 치료법들의 공통점은 모두 '알아차림awareness'을 중요시한다는 것이다. 다시 말해 '지금 이곳에서here and now' 일어나고 있는 일에 마음을 차려 알아차리고 있는 훈련을 강조한다는 것이다.

마음챙김 수련방법에는 여러 종류가 있는데 크게 공식적인 것과 비공식적인 것으로 구별한다. 공식적 수련이라 함은 매일 일정한 시간을 마련하고 표준적인 수행 방식에 따라 수행하는 바디스캔, 정좌명상, 하타요가와 같은 것이다. 한편 비공식적 수련은 호흡할 때, 걸어갈 때, 또는 무엇을 먹을 때와 같이 일상생활 속의 어떤 하나의 특정한 행동을 할 때 그 행동에 마음챙김하여 알아차림 해 나가는 명상을 말한다. 수련자들은 그들의 주의가 공상이나 과거의 기억 또는 미래의 계획에 빠져들어 방황하고 있는 것을 알아차림한 후, 지금 행하고 있는 대상 쪽으로 주의를 되돌려 알아차림 하는 것을 강조한다.

예컨대 가만히 앉아서 명상을 할 때 신체의 어떤 부위로부터 어떤 특정한 감각이 느껴지거나 마음속에 어떤 특별한 감정이 일어나게 되면 그런 감각 또는 감정이 일어났음을 알아차림 하면서 그런 것들이 생겨나, 변화해 가고, 또 사라져 가는지를 어떤 판단도 하지 않고 있는 그대로 살펴보도록 한다. 수련자들은 관찰된 현상들에 대해 호기심과 흥미를 갖고 바라보며, 일어나는 현상을 있는 그대로 받아들이는 태도를 기르도록 해야 한다. 관찰한 경험에 대해 어떤 평가나 비판을 하지 말아야 하고, 또 그것을 무시하거나 의도적으로 변화시키려 해서도 안 된다. 다시 말해 관찰한 것들을 합리화시키려고 하거나, 불합리한 것으로 보려 하거나, 침소봉대하려 하거나, 원치 않는 것을 배제하려고 하거나, 불쾌한 감각이나 감정을 감소시키려 해서도 안 된다. 오직 감각, 감정 그리고 생각이 자연스레 나타났다가 변화되어 가다가 사라지는 것을 그냥 바라보기만 하면 된다.

마음챙김 명상은 주의를 어떤 특정한 대상에 집중하려 하는 것을 강조하는 집중명상만트라 명상과는 다르다. 마음챙김 명상은 주의가 흔들린다거나 공상을 하고 있다는 것을 알아차리는 그 자체가 관찰의 대상이 된다.

마음챙김 명상에서도 마음집중에 바탕을 두는 집중명상부터 시작하는 경우가 많다. 예컨대 수행자는 호흡과 관련시켜 횡격막의 상하운동과 같은 특정한 호흡운동에 주의의 초점을 둔다거나, 주의가 흔들려 다른 곳에 가 방황하고 있다는 것을 알아차렸을 때 호흡감각으로 주의의 초점을 되돌리기도 한다.

그러나 마음챙김 명상에서는 시간이 지나면서 자연스럽게 일어나는 감각·감정·욕망·생각·기억·환상들의 출현과 변화, 그리고 흐름을 있는 그대로 관찰하는 것을 강조한다. 즉, 수행자는 명상 중에 일어나는 다양한 현상들에 대해 상대적 가치나 중요성으로 분별하여 판단하지 않고 오직 일어나는 대로 알아차리는 것이다. 이렇게 일어나는 대로 순수하게 알아차림 하는 것을 "순수한 주의 bare attention" 또는 "선택 없는 알아차림 choiceless awareness"이라고 부르기도 한다.

2 마음챙김 명상의 실제

MBSR은 만성병과 스트레스 관련 질병을 가진 환자의 치료를 위한 행동의학 프로그램으로 개발되었다. 이 프로그램은 마음챙김 명상 수련에 바탕을 둔 것으로 8주 동안 주당 한 회기씩, 각 회기마다 2.5~3시간 정도 진행되는 프로그램이다. 제6주째는 하루 종일 진행되는 마음챙김 수련회기가 포함된다. 매일 집에서 45분간 마음챙김에 관한 훈련을 해야 한다. MBSR에 참여하는 사람은 어떤 특정 질병에 따른 특정 환자 집단으로 참여한다기보다 질병의 종류에 상관하지 않고 끊임없이 변화하는 자신의 내면상태의 흐름을 경험하고, 순간-순간에 바탕을 둔 알아차림 능력을 키우고자 하는 일반적인 환자들로 이루어진다. 그렇지만 경우에 따라 암환자나 심상병환자 또는 부부관계를 증진시키고자 하는 등 특정 치료 목적이 있는 사람들을 위한 특별 환자집단으로 구성되기도 한다.

처음 환자를 만나게 되는 면접회기에서는 지도자가 이 과정의 의미와 방법에 관해 먼저 설명하고, 심리진단 등의 사전검사를 받도록 권유한다. 또 이 회기에서 과제부과에 관해 언급하기도 하고 앞으로 진행될 모든 회기에 빠짐없이 참석하도록 권유하고, 매일 집에서 해야 할 과제 적어도 매일 45분, 일주일에 6일를 완수하는 데 몰두 해야 된다고도 강조한다. 또한 이 프로그램을 수행하는 동안 체험 하게 될 각종 경험에 대한 기술과 이 프로그램 완료 후에 있을 사 후 평가회기에 대해서도 언급한다. 8주 동안 진행되는 회기들에서 는 수련자들이 명상하면서 느꼈던 개인적 경험에 대해 언급하는 데 많은 시간을 할당한다. 마음챙김 수련이나 스트레스에 관한 다 양한 이론 강의도 한다. 스트레스의 생리학과 병리학, 스트레스에 대한 생리·심리적 반응, 스트레스 지각에 대한 인지적 평가 등 심 신의학에 관한 것들을 모든 회기에 걸쳐 골고루 통합하여 체계적 으로 강의함으로써 환자 자신의 병이 어떻게 발생하였고, 또 어떻 게 고쳐질 것인지에 대한 이해를 높인다.

수련은 공식적 수련과 비공식적 수련으로 나뉘는데 공식수련은 매일 일정한 시간을 공식적으로 할애하여 지시문이 담긴 CD를 들 으면서 따라한다. 공식 수련에는 바디스캔, 정좌명상, 하타요가 수 련이 주를 이루고, 비공식 수련은 일상생활 속에서 비공식적으로 할 수 있는 수련 내용으로 건포도 먹기 명상, 걷기 명상, 호흡 명 상, 자비·자애명상, 일상생활 속에서의 알아차림 등이 있다. 처음 배울 때는 CD의 지시에 따라 수련하면 기초를 다지는 데 도움이 된다. 익숙해지면 CD의 도움 없이 언제 어디서나 필요할 때 바로 그곳에서 마음챙김 할 수 있어야 진정한 수련자가 되는 것이다.

다음에 소개할 마음챙김 명상법은 필자가 2007년에 개발한 '한국형 마음챙김 스트레스 감소K-MBSR 프로그램'의 핵심내용을 정리한 것이다.

1) 마음챙김 훈련 Ⅰ ; 건포도 먹기 훈련

건포도 먹기 훈련은 처음 MBSR에 참가한 수행자들이 자기소개를 끝낸 직후 바로 시작하는 마음챙김 명상의 첫 번째 훈련이다. 수련자 한 사람 한 사람에게 서너 알의 건포도 알을 나누어 주고 그 포도 알들을 과거에는 한 번도 보지 않았던 것처럼 흥미와 호기심을 갖고 그것을 관찰하도록 한다.

그리고 나서 수련자들이 포도 알을 손가락으로 만져 촉감을 느끼게 하고, 포도 알의 외면을 살펴보기도 하고, 불빛에 비춰보아 불빛이 포도 알을 통과하는지도 살펴보게 하고, 귀 가까이 가져가 빠르게 또는 느리게 부빌 때 소리가 들리는지도 알아보기도 하고, 냄새도 맡아보아 어떤 냄새가 나는지도 알아보게 한다.

그런 후에 천천히 입속에 넣었을 때 침이 나오는지, 어디에서 침이 나와 고이는지 등을 살핀 후 서서히 씹었을 때 입과 혀의 반응, 맛과 질감 등을 살피고 삼켰을 때 목구멍에서 일어나는 감각적 느낌까지 다섯 가지 종류의 감각적 경험들을 차근차근 살피도록 한다. 만약 이러한 감각 훈련을 하는 동안에 감각 경험과 관련 없는 어떤 생각이나 감정이 일어나면 판단하지 않은 채 그런 생각이나 감정이 일어났음을 살펴본 후 건포도 쪽으로 주의를 되돌리도록 한다.

건포도 먹기 훈련은 평소 우리가 음식을 먹을 때 감각적인 알아차림 없이 건성으로 먹어치웠던 과거의 식습관이나 또는 어떤 일을 할 때 넋이 빠져 자동조정 상태로 해 왔던 행동들에 대해 마음 챙겨 참여할 수 있는 기회를 제공해 준다는 데 큰 의미가 있다. 이 훈련에 참여해 본 사람들은 평소 자신이 음식을 먹을 때 주의가 딴 곳에 가 있어 음식의 맛도 모르고 건성으로 먹어왔던 습관과는 판이하게 다르다는 것을 알게 되었다고 말한다.

평소 자동조정에 의해 정신없이 해왔던 일상의 활동들에 대해 알아차림 한다는 것은 체험의 질을 밀도 있게 느낄 수 있도록 해 삶을 대하는 자세를 새롭게 해준다. 이처럼 일상적 경험에 대한 알아차림 능력이 높아지면 다양한 상태 하에서 마음 챙기지 않고 해왔던 일들을 의도적으로 마음 챙겨 할 수 있게 된다.

수행자들에게 제 1회기가 끝난 후 앞으로 일주일 동안 음식물을 먹을 때 지금 행한 건포도 먹기 훈련처럼 마음 챙겨 천천히 먹도록 권유한다. 다음의 건포도 먹기 지시문을 자신의 목소리로 녹음해서 이 소리를 들으면서 따라 하기 바란다.

【 실습 Ⅰ 건포도 먹기를 통한 마음챙김 명상 】

이 지시문을 약 20분 정도 자기 목소리로 녹음해서 실시하거나 필자가 녹음한 CD를 구입해 사용할 수도 있다.

●

건포도 서너 알을 골라서 손바닥 위에 올려놓으십시오. 편안하게 앉아서 이 포도를 과거 한 번도 보았거나 맛본 적이 없었던 것처럼 관찰하십시오. 모든 감각을 총동원하여 건포도를 바라보십시오. 이것은 어떤 것이며 이것을 먹어보면 어떨까 마음속에서 호기심이 일어나게 하십시오. 지금 하고 있는 이 일에 의문이 일어나려고 할 때는 일단 의문을 내려놓고 그냥 건포도에만 초점을 두고 관찰하십시오.

잠시 뒤 건포도 한 알을 골라 손가락으로 집어서 촉감을 느껴 보십시오. 뒤집어도 보고 좀 더 가까이 가져와 살펴보십시오. 빛에 비춰보고 불빛이 이 건포도를 통과하는지도 살펴보십시오. 천천히 하십시오. 마음속에 조급해지거나 지루하다는 생각이 드는지 살펴보십시오.

마음이 건포도를 떠나 다른 생각이나 다른 이야기로 옮겨 가는지 주목해 보십시오. 마음이 다른 곳으로 떠나버려도 스스로를 관대하게 대하십시오. 비록 그렇다 하더라도 실수나 잘못을 한 것은 아닙니다. 그냥 조용히 마음을 건포도 쪽으로 데려 오십시오.

건포도를 한쪽 귀에 갖다 대보십시오. 손가락으로 비벼 보십시오.

무슨 소리가 들리십니까? 다른 쪽 귀에다 대고도 해보십시오. 속도를 달리해 가면서 비벼보십시오. 지금 이 순간 이 일에 마음이 머물고 있습니까? 비비면 소리가 들립니까? 마음속에서 일어나는 모든 생각과 판단을 알아차리십시오. 생각을 보시고는 부드럽고 관대하게 그 생각을 내려놓고 건포도 소리로 되돌아오십시오.

시간을 충분히 갖고 하십시오.

서두르는 생각이나 성급한 생각이나 혹은 실망감과 같은 것은 없는지 잘~ 살펴보십시오. 자기 자신에게 넉~넉하고 친절하게 대하십시오. 이러한 느낌들이 나타나는 대로 관대하게 받아들이고선 다시 건포도로 의식을 돌리십시오.

건포도를 코 가까이에 대 보십시오. 무슨 냄새가 나지 않습니까? 어떤 냄새입니까? 지금 바로 그 냄새를 맡으면서 그대로 머무르십시오. 냄새를 맡으면서 어떤 이야기를 만들어 내거나 만들어 낸 이야기 속으로 끌려가지 마십시오. 오직 그 냄새만 맡으십시오.

건포도를 입 가까이 가져가십시오. 아직 입안으로 넣지는 마십시오. 입안에서 어떤 일이 일어나고 있는지 느껴보십시오. 침이 고입니까? 어디에서 침이 많이 고입니까? 혀가 움직이지 않습니까? 가능한 한 주의 깊게 입속에서 일어나고 있는 여러 현상을 관찰하십시오.

건포도를 입으로 가져가서 입을 열고 입속에 넣으십시오. 그 다음 어떤 일이 일어나는지 살펴보십시오. 씹기 전 건포도의 느낌은 어떠합니까? 당신의 입속에서 어떤 일이 일어나고 있는지 살펴보십시오. 씹기 전에 건포도를 약간 움직여 보십시오. 느낌은 어떠하십니까?

어떤 생각이나 이야기 또는 어떤 판단이 일어나고 있는지 지켜보십시오. 만약 어떤 생각이나 이야기 또는 판단이 일어났다면 그것을 그냥 알아차리기만 하고 놓아 보내십시오. 매달리거나 붙잡으려 하지 마십시오. 오직 당신의 입안의 건포노 주위에서 일어나고 있는 직접적인 감각경험에만 주의를 집중하십시오.

이제 건포도를 서~서히 씹어 보십시오. 처음 깨무는 순간을 느껴보십시오.

맛이 어떻습니까? 달콤하십니까? 흙냄새가 나는 가요? 쓴맛이 납니까? 아니면 어떤 다른 맛이 납니까? 부드럽습니까? 거칩니까? 쫄깃쫄깃합니까? 씹을수록 맛이 변합니까? 어떻게 변합니까? 입안의 어떤 부분에서 가장 맛이 강하게 느껴집니까? 씹을 때 일어나는 변화에 집중하여 그곳에 머무르십시오.

건포도의 맛과 씹는 동작에서 무엇을 알아차렸습니까? 건포도가 입속에서 어떻게 사라져 가는지도 살펴보십시오. 삼키는 것은 어떠한지요? 입안에 남아 있는 게 있는지요? 삼킨 후에도 아직 맛이 입속에 남아 있습니까? 있다면 입안 어느 곳에 주로 남아 있습니까? 지금 이곳에 존재하는 모든 감각들을 느끼면서 편안~하게 머무르십시오.

잠시 후 두 번째 건포도를 가져오십시오. 건포도를 바라보면서 그 안에 무엇이 들어 있는지 지금 당신 앞에 오기까지의 상황들에 대해 생각해 보십시오. 깊고 심각한 분석은 하지 마십시오. 다만 이 건포도 알이 여기에 오기까지 햇볕과 물 그리고 대지의 영양분이 인연되어 영글어졌고 인간을 포함해서 모든 생명체들의 온갖 보살핌을 받아 이곳에 온 것임을 알아보십시오.

어떤 나라, 어느 지방, 어떤 밭의 어떤 나무 위에서 영글고 익은 포도 알을 누군가 따서 말린 것을 포장하여 시장으로 출하된 것을 사서 집으로 가져온 포도 알 하나가 지금 여러분의 손 위에 왔습니다. 건포도처럼 사소한 먹거리를 포함하여 당신 주위에 있는 모든 먹거리들이 당신과 소중한 연관을 맺고

　　　　　　　　　　　　　스트레스는 나의 힘

있다는 것을 실감해 보십시오.

다시 두 번째 건포도 알을 향해 천천히 주의를 돌리십시오. 당신은 바로 이 건포도 알을 과거에 단 한 번도 본적이 없습니다. 이것은 당신이 지금까지 먹었거나 보았던 건포도 알과는 전혀 다른 것입니다. 건포도를 이미 잘 알고 있고, 예전에 이미 먹어보았다는 따위의 생각은 하지 마십시오. 초심자의 마음으로 이 건포도와 함께 존재할 수 있겠습니까? 적어도 처음 건포도를 보았을 때의 마음으로 집중할 수 있겠습니까? 편견 없이 건포도를 바라보고 만져보고 촉감을 느껴 보십시오. 건포도를 만지면서 소리를 들어 보십시오. 냄새를 맡아 보십시오. 씹어서 맛을 느껴 보십시오. 삼켜 보십시오. 이런 경험에 서부터 무엇을 알아차렸습니까?

세 번째, 네 번째 건포도도 계속해 보십시오. 할 적마다 초심의 마음으로 지금 이 순간에 머무십시오. 당신이 지금 먹고 있는 이 건포도와의 생생한 경험과 관계없는 어떠한 생각, 예컨대 성급함, 지루함, 실망감, 의심, 혹은 그 밖의 다른 생각이나 정신적인 상태가 나타나고 있는지도 잘~ 살펴보십시오.

이러한 느낌이나 생각이 일어난다는 것을 알아차려도 스스로에게 관대하십시오. 마음이 다른 곳으로 가 헤매고 있고 어떤 이야기나 판단에 빨려들거나 성급함이 일어나도 개의치 마십시오. 결코 잘못하고 있는 것이 아닙니다. 그냥 일상적으로 일어나는 일일 뿐입니다. 그것은 누구에게나 일어나는 것입니다. 지금 당신은 일어나고 있는 일을 알아차림하고 있는 것입니다. 지금처럼 현재에 깨어 있는 연습을 거듭하면 할수록 인내와 수용심을 기를 수가 있는 것입니다.

2) 마음챙김 훈련Ⅱ : 보디스캔 훈련

보디스캔 훈련은 공식적 마음챙김 명상 수련의 첫 번째 훈련이다. 수련자들에게 눈을 감은 채 등을 바닥에 대고 가만히 눕거나 의자에 편안하게 앉으라고 지시한다. 이어서 왼쪽 발의 발가락으로부터 시작해서 서서히 상체 쪽으로 주의의 대상을 옮겨가면서 차례차례로 신체 여러 부위들의 감각을 살피라고 지시한다. 왼쪽 다리에 대한 감각 살피기가 끝나면 오른쪽 다리로 옮기고 이어 몸통, 팔, 어깨, 목, 얼굴, 머리 쪽으로 서서히 대상을 옮겨가면서 신체 각 부위의 감각을 살펴보도록 한다.

개개 신체부위에서 느껴지는 신체감각에 대해 어떤 변화도 시도하려고 하지 말고 오직 열린 마음과 호기심을 가진 채 지금 이 순간 나타나는 감각을 소박하게 살펴본다. 만약 신체의 어떤 부위에서 어떤 감각도 느껴지지 않는다면 오직 감각이 없다는 것만 알아차리면 된다.

　　　　　　　　　　　　　　　　스트레스는 나의 힘

이 보디스캔 훈련은 근육들을 임의적으로 이완시키라고 지시하는 점진적 근육이완 훈련이나 자율 훈련과는 차이가 있다. 보디스캔에서는 신체의 어떤 부위에서 긴장이 느껴지면 단지 '그곳에 긴장이 있구나' 하고 알아차림 하면 된다. 또는 어떤 부위에 아픔이 느껴지면 '그곳에 어떤 종류의 아픔이나 감각이 있구나 띵하구나, 찌르는 듯한 아픔이구나 등' 하고 알아차림 하면 된다.

이렇게 살피는 동안 마음이 흔들려 주의가 다른 곳으로 가 방황하게 되면 이것은 불가피한 일임 마음이 흔들리고 있다는 것을 알아차림 한 후 지금 관찰대상인 신체 부위 쪽으로 조용히 되돌아오도록 할 뿐 자기 자신에 대해 어떤 식의 비판이나 비난을 해서는 안 된다. 보디스캔은 1, 2 및 8회기에 수련 받으며 제1주부터 시작하여 4주까지 연속 4주간 숙제로 부과한다. 수련자들에게 보디스캔 수련을 따라 할 수 있도록 지시하는 CD를 제공해 준다.

보디스캔이 끝난 직후 주어지는 질의응답 시간에는 체험한 몇 가지 공통적인 경험들을 질의하도록 한다. 예컨대 어떤 수련자들은 자기 자신이 보디스캔을 제대로 했는지 여부를 걱정하면서 자신이 체험한 경험을 질문할 수 있다. 보디스캔에서는 이완과 같은 어떤 특정한 성과를 기대해서는 안 되는 것이기 때문에 보디스캔 끝에 이완에 성공했다거나 실패했다는 따위의 결과를 성급하게 기대해서는 안 된다. 이완이 일어날 수도 있지만 오히려 긴장되는 것만을 관찰했다고 보고해도 무방하다.

수련자들은 보디스캔을 하는 동안 잠이 왔다거나, 안절부절 했다거나, 마음이 방황하고 있는 것을 경험했다거나 몸이 이곳저곳 쑤시고 아프다거나 또는 어떤 참을 수 없는 감정상태가 일어나는 것을 관찰할 수 있었다고도 말한다. 이러한 경험들을 했다고 해서 보디스캔 훈련을 잘못 했다는 것은 아니다. 어떤 판단도 하지 않은 채 나타나는 경험이 어떤 것이라도 있는 그대로 알아차리는 것이 무엇보다 중요한 것이다. "이렇게 하는 것은 틀린 것이야." 또는 "이렇게 해서는 안 돼." 또는 "그것과는 다르게 해야 해."라고 말하기보다는 "이 생각은 판단적인 생각이야.", "흥미와 호기심을 갖고 그냥 바라봐." 또는 "공상이 떠올랐군. 보디스캔 쪽으로 주의를 되돌려야겠군." 등과 같은 독백의 말을 하는 것은 상관없다.

【 실습 Ⅱ 지시문에 따라 보디스캔하기 】

●

편안한 자세로 앉거나 머리와 무릎을 베개로 받치고 누우십시오. 많은 사람들이 누워서 하는 보디스캔을 좋아합니다. 보디스캔은 잠들려고 하는 것이 아니라 마음을 챙겨 깨어 있도록 수련하는 것이 주된 목적입니다. 몸을 따뜻하게 하십시오. 적어도 30분은 수련해야 하며 이 명상에 익숙해질수록 점점 더

장기간 수련할 수 있을 것입니다. 준비가 되었으면 눈을 감으십시오.

먼저 호흡이 몸을 들고 남을 느껴 보십시오. 호흡이 몸속으로 들어왔다가 바깥으로 나가는 것을 느껴 보십시오. 편안하게 이완한 채 몸 전체를 통해 느껴 보십시오. 온몸을 한 덩어리로 생각해서 느끼십시오. 의자나 방바닥과 몸이 맞닿는 신체부분에 집중하여 느끼십시오. 느낌을 인위적으로 변화시키려 하지 말고 느껴지는 대로 느끼십시오. 당신은 몸이 느껴지는 그대로 바로 지금 이곳에 존재하고 있는 것입니다. 이 수련은 몸에 대하여 무엇인가를 생각하려고 하는 게 아니라 몸이 느끼는 감각 그대로를 느껴 보려는 것입니다.

자~ 왼쪽 발의 발가락에 의식을 집중해 보십시오. 발가락에서 느낄 수 있는 감각을 느껴 보십시오. 그런 후 발가락을 통해 호흡이 드나든다고 느껴 보십시오. 즉, 발가락으로 호흡이 들어와 발가락으로 호흡이 되돌아 나간다고 느껴 보십시오. 발가락으로 호흡이 들어온 후 발가락을 거쳐 호흡이 되돌아 나갑니다.

마음속에 어떤 상을 만들려고 하지 마십시오. 그냥 이완한 채 얼마나 많은 감각이 발가락에서 느껴지는지 바라보기만 하십시오. 특별한 감각이 느껴지지 않는다면 그냥 지켜보기만 하면서 특별한 감각이 느껴지지 않는구나 … 라고 하십시오. 감각이 느껴지지 않는 것에 대해 어떤 해석을 하려고 하지는 않는지 살펴보십시오. 만약 해석하려는 생각이 떠오른다는 것을 알아채면 그 해석을 내려놓아 보내고 발가락으로 주의를 되돌아 올 수 있도록 하십시오.

발가락에서의 감각의 변화도 느껴 보십시오. 발가락의 온도, 양말이나 신발 또는 공기와의 접촉감도 느껴 보십시오. 최대한 예민하게 느끼십시오. 최대한 세밀하게 미세한 감각을 느껴 보십시오. 직접적으로 느껴지는 일차적 감각에만 의식을 머무르십시오. 감각이 느껴졌다가 변화되었다가 사라졌다가 하는 것을 그대로 보기만 한 채 내버려 두십시오. 감각이 자연스럽게 일어났다가 자연스럽게 변화되어 가다가 자연스럽게 사라지는 것만 살펴보십시오. 계속해서 보다 깊은 호흡을 몇 번 하고 난 후 발가락에 집중했던 의식의 초점을 거두어들이십시오.

이번에는 발가락으로부터 발바닥 쪽으로 의식의 초점을 옮겨 가십시오. 발가락에서 했던 감각 살피기를 발바닥에서도 그대로 하십시오. 그런 후에는 발뒤꿈치, 발등, 발목으로 의식의 초점을 서서히, 서서히 옮겨 가십시오. 이런 식으로 몸의 감각 살피기를 계속하십시오.

신체감각의 관찰이 마음챙김의 대상입니다. 신체감각의 알아차림과 함께하는 호흡은 이 순간에 당신을 바로 이곳에 머무

스트레스는 나의 힘

르도록 해 주는 것입니다. 발에서부터 엉덩이 부분으로 향해 다리 위쪽으로 주의의 대상을 서서히, 서서히 옮겨 가십시오

호흡과 함께 종아리, 무릎, 허벅지의 감각에 계속 초점을 옮겨 가십시오. 한 부위의 신체감각을 호흡과 함께 살펴본 후 다른 부위로 주위의 초점을 서서히 옮겨 가십시오. 집중이 잘 안 될 때는 인내심을 갖고 초점을 두고 있는 신체부위의 감각과 호흡감각을 다시 느껴보도록 하십시오.

자, 이번에는 오른쪽 발과 오른쪽 다리로 의식을 옮겨 가십시오. 오른쪽 다리의 오른쪽 발, 발가락에서부터 의식을 집중해 보십시오. 느낄 수 있는 만큼 느껴보십시오. 왼쪽 다리에서 했던 방식을 그대로 되풀이하십시오.

이런 식으로 오른쪽 다리의 모든 부분으로 이동해 가십시오. 자, 다리를 거쳐 이번에는 골반 쪽으로 옮겨가십시오. 골반에서 느껴지는 감각과 함께 호흡한 후 복부와 아래 등 부위로 옮겨가면서 호흡하십시오.

다음에는 가슴과 등 부위를 살펴보십시오. 어깨로 나아가십시오. 다음에는 왼쪽 팔의 손가락, 손바닥, 손등, 팔을 살펴본 후 나머지 다른 부위의 팔을 살펴보고 다시 어깨로 되돌아오십시오. 한 부위에서 다른 부위로 집중을 옮길 때 감각과 호흡에만 초점을 두십시오. 이번에는 오른쪽 팔의 손가락, 손바닥, 손

등을 살펴보고 난 후 나머지 부분의 팔을 살펴보고 다시 어깨로 되돌아오십시오.

목, 턱, 입과 목 안쪽을 포함하여 얼굴 부위를 거쳐 머리 부위로 천천히 계속 옮겨 나아가십시오. 모든 부위의 신체를 다 살펴보았으면 자연스런 상태로 몇 번 호흡을 하고 다음에는 깊은 휴식으로 들어가십시오. 마치 머리의 정수리에 문이 있어서 그 문을 통하여 호흡이 들어와서 몸 전체를 관통하여 씻어 내려간 후 두 발의 발바닥을 통해 몸 밖으로 나가게 하십시오. 정수리를 통하여 호흡이 들어와서 몸 전체를 관통하여 샅샅이 씻어 내려가 두 발의 발바닥을 통해 몸 밖으로 나가게 합니다.

자, 마음 내키는 만큼 계속 정수리를 통하여 호흡이 들어와 몸을 관통하고 발바닥을 통해 바깥으로 나가는 호흡을 계속 하십시오. 이번에는 거꾸로 발바닥으로 호흡을 들이마셔서 몸을 통과하여 정수리로 나가게 하십시오. 발바닥으로 호흡이 들어와 몸을 통과하여 정수리로 나가게 하십시오.

하고 싶은 만큼 계속 하십시오. 자, 이 모든 것을 다 마치시면 마치 몸이 없는 것처럼 몸의 존재를 느끼지 못할 수도 있습니다. 그렇게 느껴져도 걱정하지 마십시오. 그냥 고요히 그 순간의 침묵 속에서 편안히 쉬십시오. 보디스캔 후의 깊은 평화와 안정감을 한껏 느껴 보십시오.

수련을 마칠 준비가 되었으면 깊은 호흡을 몇 번 하고 서서히 눈을 뜨십시오. 천천히 몸을 좌우로 움직여 보십시오. 그리고 서서히 일어나 앉으십시오.

3) 마음챙김 훈련 Ⅲ : 정좌명상

정좌명상은 마음챙김 명상의 가장 핵심이 되는 본격적 수련과정인데 몇 개의 단계를 거쳐 진행된다. 정좌명상의 첫 단계에서 수련자는 의자나 방석 위에 앉아 마음을 각성 ^{깨어 있는}한 채 편안한 자세를 취한다. 등은 가능한 한 똑바로 펴서 머리와 목과 등뼈가 일직선이 되도록 한다. 눈은 가볍게 감거나 아래쪽으로 응시한다.

정좌명상의 첫 번째 단계에서 수련자는 천천히 호흡하면서 콧구멍이나 목구멍에서 일어나는 감각과 하복부의 상하운동과 같은 것에 주의를 집중하도록 한다. 마음이 호흡 집중에서 벗어나 흔들리게 되는 것은 불가피한 일이다. 그러나 이러한 흔들림을 알아차리면 바로 호흡으로 주의를 되돌린다.

이렇게 하여 주의가 집중되면 이번에는 주의의 초점을 호흡에서부터 신체감각 쪽으로 옮겨간다. 수련자는 비록 불쾌한 신체감각이 일어나더라도 판단하지 말고 이를 조용히 수용한다. 만약 몸이 불편하여 ^{다리가 아파서} 다리를 움직이고 싶은 욕망이 생기면 즉각적으로 움직이지 말고 그 대신 고통 자체를 일단 수용하고^{아, 다리가 아}

프구나, 꼭 다리를 움직여야겠다고 생각되면 움직이려는 의도, 움직일 때의 동작, 그리고 움직임에 의해 발생되는 감각의 변화까지도 빠뜨리지 말고 알아차림 하도록 한다.

정좌명상의 두 번째 단계에서는 주변 환경 속에서 발생하는 소리나 냄새와 같은 외부 환경 자극에 대해 마음 챙겨 수용하는 연습이다. 예컨대 들려오는 소리를 들을 때는 소리의 질, 소리의 양, 소리의 기간 또는 소리와 소리 사이의 침묵에 대해 알아차림 하고, 풍겨오는 냄새에 대해 알아차림 할 경우에는 냄새의 질과 강도 등에 관해 어떤 판단과 분석 없이 순수하게 있는 그대로 알아차림 하도록 한다.

세 번째 단계에서는 주의의 초점을 자신의 마음 내부에서 자연스레 생겨나는 감정이나 생각으로 옮겨간다. 수련자들은 자신의 의식 세계 속에 자연스레 떠올랐다가는 사라져가는 생각이나 감정을 관찰하도록 한다. 다만 떠오르는 생각에 깊이 빨려 들어가지 말고 단순히 그 생각의 내용이 무엇인지에만 주목해야 하며 그 생각이 떠올라 전개되다가 사라져가는 것을 살펴보아야 한다. 다시 말해 수련자는 자신이 지금 경험하고 있는 분노, 수치, 또는 욕망과 같은 감정들이 떠올랐음에 주목하고 이 감정과 연관되는 생각이나 감정의 전개과정을 어떤 분석이나 판단 없이 목격자의 입장에서 그냥 살펴본다.

정좌명상의 마지막 단계에서 수련자는 자신의 의식세계에 자연스럽게 떠오르는 무엇이든 신체감각, 생각, 감정, 소리, 냄새, 욕망 등 선택하지 말고 나타나는 대로 살펴보며 이런 것들이 떠올랐다가 변화되어가다가 드디어는 사라져가는 것을 살펴보면서 정좌명상을 끝내게 된다.

정좌명상은 2회기부터 7회기까지 6회기에 걸쳐 한 번에 10분에서 45분 정도까지 수련한다. 대부분의 주 동안 정좌명상은 숙제로 부과되며, 정좌명상 지시문의 CD가 제공된다.

【 실습 Ⅲ 정좌명상 1, 2 】

정좌명상 1. 신체감각과 같이하기 지시문

●

정좌명상은 편안하게 바닥에 앉아서 하거나 등받이가 있는 의자에 앉아서 할 수도 있습니다. 상황에 따라 편리한 대로 하십시오. 먼저 편리한 대로 자리를 잡으십시오. 바닥에 앉아서 할 경우에는 방석을 엉덩이 밑에 깔고 양반다리 자세를 취하여 할 수도 있고 가부좌 자세나 반가부좌 자세로 앉아서 할 수도 있습니다. 어떤 자세를 취하거나 자유입니다. 엉덩이를 바닥에 붙이고 편안하게 앉아서 하면 됩니다. 자세에 지나치게 신경 쓰지 마십시오. 의자에 앉아서 할 경우는 등을 등받이에 기대어서 하지 마십시오. 등을 똑바로 세워서 해야 각성 유지에 도움이 됩니다. 바닥에 앉아서 할 경우에는 두 무릎을 바닥에 붙이면 이상적입니다. 허리를 꼿꼿이 세운 채 편안하게 앉기 위해서는 엉덩이 밑에 깔 방석의 높이를 조절하는 게 좋습니다. 방석을 접어 엉덩이 밑에 깔고 두 무릎을 바닥에 붙인 채 해 보십시오. 편안하게 느껴질 것입니다.

자, 준비가 되었으면 등을 똑바로 세워 위엄이 있고 편안한 자세를 유지할 수 있도록 하십시오. 의자에 앉아서 할 경우에는 두 다리를 어깨 너비 정도로 벌리고 발바닥은 바닥에 편안히 놓고 하십시오. 명상할 자세가 갖춰졌으면 두 눈을 부드럽게 감으십시오. 이제부터 명상에 들어갑니다.

먼저 엉덩이가 닿아 있는 바닥에서 느껴지는 촉감이나 압박감 그리고 그 밖에 앉아 있으면서 느낄 수 있는 어떤 종류의 신체감각이라도 느껴 보십시오. 처음에는 이런 신체감각들을 느끼는 데 마음을 집중하십시오.

자, 이번에는 호흡으로 주의를 옮기십시오. 숨을 들이쉬고 내쉴 때 아랫배에서 느껴지는 신체감각에 의식을 집중하십시오. 처음 연습할 때는 한 손을 아랫배 위에 올려 놓고 숨을 들이쉴 때 손이 위로 올라가고 내쉴 때 손이 아래로 내려가는가를 살펴보십시오. 하복부의 움직임과 감각에 마음을 모을 수 있게 되면 손을 복부에서 뗀 채 계속하여 하복부의 움직임과 감각을 마음의 눈으로 살펴보십시오. 숨을 들이쉴 때 아랫배가 부드럽게 부풀어 오르고 숨을 내쉴 때는 부드럽게 줄어드는가를 살펴보십시오. 숨을 들이쉴 때는 아랫배가 부드럽게 부풀어 오르고 숨을 내쉴 때는 부드럽게 줄어드는가를 계속하여 살펴보십시오. 잘 되어 가면 호흡이 코로 들어와 아랫배까지 진행되어 가는 과정 동안 느껴지는 신체감각의 변화를 느껴 보십시오. 자, 이번에는 호흡이 아랫배로부터 코를 통해 바깥으로 나가는 과정 동안 느껴지는 신체감각의 변화를 느껴 보십시오.

집중이 잘 되면 마음속으로 숨을 들이쉴 때는 '들~' 하고 내쉴 때는 '토~' 하고 호흡 사이에는 쉼~하고 마음속으로 읊조려 보십시오. 들~쉼~토~쉼~들~쉼~토~쉼~들~쉼~토~쉼~들~쉼~토~쉼~ 계속하십시오. 숨 쉬는 것을 어떤 식으로든 통제하려고 하지 마십시오. 자연스럽게 하십시오. 숨 쉬는 동안 느끼는 경험들도 자연스럽게 느낄 수 있게 하십시오. 이상적인 숨쉬기 방법이 특별히 있는 것도 아니고, 특별하게 도달해야 할 이상적 상태가 따로 있는 것도 아닙니다. 자연스런 경험에 충실하십시오.

얼마 지나지 않아서 당신의 마음은 아랫배의 움직임에 대한 관찰에서 벗어나 바깥세계로 향해 방황을 시작할 것입니다. 온갖 종류의 생각과 계획과 같은 것이 마음에 떠올라서 방황하게 될 것입니다. 이런 마음의 동요는 자연스러운 것이며 모든 사람이 다 느끼는 것입니다. 이것은 잘못된 것도, 실패한 것도 아닙니다. 안심하십시오. 마음이 호흡 관찰에 머물러 있지 않고 다른 생각에 가 있다는 것을 알아차리면 다른 곳에 가 있는 마음을 조용히 붙잡아 호흡 쪽으로 되돌리면 됩니다. 의식을 아랫배 쪽으로 되돌려 놓고서는 조금 전처럼 호흡이 들어오고 쉬고 나가고 할 때 느껴지는 신체감각들에 마음을 챙기십시오. 들~할 때에 느껴지는 감각, 쉼~할 때에 느껴지는 감각, 그리고 토~할 때에 느껴지는 감각을 순간순간 챙기십시오.

마음을 아랫배로 돌려놓아도 금방 다시 바깥대상으로 옮겨갑니다. 이런 마음의 동요는 끝없이 되풀이 됩니다. 이렇게 부단하게 움직이는 마음이 우리들 마음의 모습입니다. 마음이 다른 곳에 끌려가 움직이고 있다는 것을 알아차리는 순간 이런 마음의 동요는 지극히 자연스런 현상이라고 생각하시고 아랫배 호흡으로 의식의 초점을 돌리시고 숨이 들어오고 쉬고 나가고 하는 동안 느껴지는 신체감각들에만 마음을 챙겨나가십시오. 아무리 애써 봐도 마음은 또다시 계속하여 바깥으로 달아납니다. 마음의 성질이 원래 그렇기 때문에 붙잡아 매어둘 수 없습니다. 이런 마음의 방황을 지켜보는 것이 나에게 인내심을 길러주고 나의 생각의 다양성과 호기심의 내용을 알려주기 때

  스트레스는 나의 힘

문에 오히려 다행스런 일이라고 여기시고 계속하여 달아난 마음을 붙잡아 아랫배의 호흡 자리로 되돌아가도록 하십시오.

호흡에 충분히 집중하고 있다고 느껴지면 호흡뿐만 아니라 전 신체에서 느껴지는 다른 감각들에도 마음챙김을 확산시켜 갑니다. 아랫배로 계속 호흡을 하면서도 주의의 초점을 서서히 옮겨가 전 신체의 감각과 이 신체감각들의 양상이 조금씩 바뀌어 나가는 데 의식을 집중해 나갑니다. 몸과 맞닿아 있는 바닥이나 의자에서 느껴지는 접촉감뿐만 아니라 발바닥 무릎 등의 신체 접촉 부분에서 시작되는 촉각, 압박, 통각 그리고 상체의 무게를 지탱하는 엉덩이 부분, 두 손을 올려놓은 무릎 부위 또는 두 손에서 오는 감각들에 대해서도 마음을 챙겨나가십시오. 이러한 몸 전체에서 올라오는 신체감각들에 대해 마음챙김하여 이 모든 감각들을 하나로 아울러 볼 수 있도록 의식의 공간을 넓혀갑니다.

이때도 전처럼 마음이 호흡이나 신체감각에 대한 집중으로부터 빠져나가 다른 곳에서 방황하게 될 것입니다. 이런 마음의 동요 현상은 너무나 당연하고 자연스런 일입니다. 이런 마음의 방황은 잘못된 것도 아니고 실패한 것도 아닙니다. 마음이 방황하고 있다는 것을 알아차릴 때마다 속으로 이렇게 말하십시오. "아~ 이것은 내가 졸지 않고 깨어 있다는 증거이구나. 다행스런 일이야. 내 마음이 지금 그 대상에 가 머물고 있었구나. 나는 지금 그런 생각을 하고 있었구나."라고 말하면서 주위의 초점을 아랫배의 호흡과 전 신체감각으로 부드럽게 되돌리십시오. 최선을 다해 할 수 있는 일이란 순간순간 온몸을 통해 나타나는 실재하는 신체감각들에만 주의를 집중하는 것입니다.

앉아있을 때 등, 무릎, 또는 어깨부위에서 오는 특정 감각이 지나치게 강하게 느껴질 수도 있습니다. 이때는 지금 나의 주의가 이런 특정 감각에 빼앗기고 있다는 것을 느끼면서 호흡이나 신체감각으로 되돌아오도록 하십시오. 한편 이때 의식의 초점대상을 감각의 강도가 강한 그곳 신체 부위로 옮겨가서 그 감각의 양상에 주의를 기울일 수도 있습니다. 보다 구체적으로 그 감각들은 정확하게 어떤 감각들인가, 어느 부위에서 올라온 감각인가, 순간순간 강도가 변화되고 있지는 않은가, 이 부위에서 저 부위로 감각이 옮겨가고 있지는 않은가 하고 살펴보는 것입니다. 그러나 이런 것들에 대해 지나치게 꼼꼼하게 알아보고 의미를 판단하려고 해서는 안 됩니다. 이렇게 강한 감각을 나의 마음의 눈으로 살펴보기만 하십시오. 앞서 보디스캔 연습할 때 했던 것처럼 강한 감각을 느낀 그 부위에 의식을 집중하여 초점을 두고 그 부위에 호흡을 집중적으로 계속할 수도 있습니다.

  스트레스는 나의 힘

감각의 강도에 따라, 감각의 양상에 따라 마음이 움직이고 있다는 것도 알아차리십시오. 마음이 움직일 때마다 호흡이나 온 몸의 감각 쪽으로 의식을 되돌리십시오. 이런 방식으로 의식이 호흡이나 감각으로 다시 연결되면 의식의 범위는 보다 확대되어 나갑니다. 신체감각의 강도에 따라 혹은 감각의 양상에 따라 마음이 순간순간 움직이고 있다는 것을 마음챙김 하십시오. 자, 이제 마음챙김 호흡과 신체감각 느끼기 연습이 끝날 단계로 접어들고 있습니다. 조용히 눈을 뜨고 몸을 좌우로 움직이면서 일상으로 돌아갈 준비를 하십시오. 눈을 뜨고 일어나 앉으십시오. 잘 하셨습니다.

정좌명상 2. 외부 자극과 생각과 같이 하기 지시문

●

마음이 안정이 되었으면 이번에는 주의의 초점을 외부에서 들려오는 소리 감각 쪽으로 옮겨 가십시오. 주의의 초점을 귀 쪽으로 옮겨 온 후 의식을 더욱 확장시켜 나가십시오. 언제 어디에서나 일단 소리가 들려오면 그 소리 나는 곳으로 귀를 기울이십시오. 소리가 나는 곳으로 일부러 찾아가거나 특정한 소리를 들으려고 애쓰지는 마십시오. 단지 마음을 열고 소리가 들려오면 가까운 데서 들려오는 소리이건 먼 곳에서 들려오는 소리이건 어떤 방향에서 들려오는 소리이건 관계없이 모든 소리에 대해 마음 챙겨 들으세요. 분명한 소리에도, 큰 소리에도, 미미하고 작은 소리에도 마음 챙겨 들으세요. 소리와 소리 사이의 여백의 공간에도 마음 챙기십시오.

가능하면 최선을 다해 소리를 단순한 감각으로만 받아들이십시오. 그 소리에 관해 무언가 해석하고 판단하지 마십시오. 그 소리의 의미보다는 그 소리의 높낮이, 음조, 강약, 기간 등 소리의 감각적 특성에 대해서만 의식을 집중하십시오. 이 순간 나타났다가 저 순간으로 사라져 가는 소리에만 의식을 집중하십시오.

소리에 대한 마음챙김 훈련은 대단히 가치 있는 훈련입니다. 의식의 범위를 확대시켜 의식의 영역을 보다 넓히고 의식의 질을 보다 확산시키는 데 매우 유용하기 때문입니다. 이 훈련은 신체감각에 대한 마음챙김보다 먼저 실시할 수도 있고 뒤에 실시해도 관계없습니다. 또한 수시로 이 연습을 하는 것은 대단히 중요한 것입니다. 이른 새벽 바깥에서 들려오는 새소리, 바람소리, 빗방울 소리, 풀벌레 소리 등등…. 지금 이 순간 들려왔다 사라져가는 온갖 종류의 소리에 귀 기울여 보십시오.

자, 이제 소리에 대한 마음챙김을 내려놓을 준비가 되었다면 주의집중을 다른 쪽으로 옮겨가 봅시다. 주의집중 대상을 지금 마음속에서 일어나고 있는 생각으로 옮겨 봅시다. 소리에 대해 연습할 때 소리가 일어나서 변화되어 가다가 사라져 가는 것에 의식을 집중했던 것처럼 생각이 일어났음에 주목하고 그 생각이 마음의 공간 속에서 진행되어 변해 가다가 드디어 사라져 가는 그 모습을 지켜보기로 합시다. 일부러 생각이 일어나는 곳을 찾아 나설 필요는 없습니다. 단지 소리가 일어났다가 사라져 가는 그것을 그냥 지켜보는 것과 같이 자연스럽게 일어났다 자연스럽게 사라져 가는 생각을 지켜만 보십시오.

생각해야 할 특별한 대상은 없습니다. 일어나는 모든 생각을 모두 포함시키십시오. 지금 이곳에서 일어나고 있는 무슨 생각이라도 좋습니다. 분노감, 공포감, 지겨움, 졸음, 초조함, 욕심, 성급함, 고요함, 평화감, 흥분감, 환희심, 질투심, 친절감, 사랑, 자비심과 같은 온갖 욕망과 감정상태, 모두가 다 주목의 대상이 됩니다. 경험 속에서 나타나는 모든 생각에 마음을 여십시오. 하나하나의 생각을 명령하려 하거나 움켜쥐려 하거나 밀어내 없애버리려고 하지 않은 채 의식의 공간 속에 떠오르는 모든 생각을 다 지켜보십시오.

자, 이제는 지금 이곳에 나타나는 모든 것에 마음을 여는 차례입니다. 하나하나의 소리나 감각, 냄새, 맛, 그리고 생각, 감정들에 이르기까지 알아차림 하십시오. 지금 이곳에 나타나는 하나하나의 대상은 다만 지금 당신의 머릿속에 떠오른 하나의 대상일 따름입니다. 지금 당신 앞에 나타난 대상 가운데 어느 하나에 주의를 모으십시오. 부드럽게 이완한 후 그 대상이 바로 여기에 존재하도록 하십시오. 가능한 한 깊이 주의를 집중해서 그 대상과 연결되십시오. 마음의 문을 최대한 넓게 열어 다가온 대상에 집중하여 머무십시오. 계속 그 대상과 연결하여 계십시오. 그 대상이 여기 이곳에 존재하는 한 꽉~~~ 잡아 챙기십시오. 그 대상이 바뀌어 다른 대상이 나타나기 전에 몇 번씩 그 대상에 대해 거듭 주목하여 집중할 필요가 있습니다. 예컨대, 어떤 소리가 들린다면 그 소리가 "들려", "들려", "들려" 또는 신체감각이 "눌려", "눌려", "눌려" 또는 어떤 생각에 대해서 난 "그 일에 관해 생각한다.", "그 일에 관해 생각한다.", "그 일에 관해 생각한다."와 같은 말을 마음속에서 되풀이 할 수도 있는 것입니다. 만약, 말을 해서 오히려 산만해지면 그냥 내버려 두고, 그 대상과 감각을 연결시켜 그곳에 머무십시오. 인내심을 갖고 현재에 머무십시오.

자, 이런 식으로 계속 연습을 하십시오. 이것이 바로 특정한 대상 없이 깨어 있기이며 현재 이곳에 머무르기 수련인 것입니다. 이 수련은 당신의 자각력과 존재감을 더욱 확고하게 해 줄 것입니다. 부드럽게 이완하고 모든 것을 그냥 존재하는 상태로 두십시오. 공포나 걱정, 심지어 심한 고통스런 장애가 나타나더라도 부드럽게 그것을 맞이하십시오. 깊이 바라보십시오. 깊이 느끼십시오. 깊이 경청하십시오. 그냥 왔다가 그냥 사라지게 내버려 두십시오. 그냥 그대로 내버려 둔 채 몸과 마음에 어떤 일이 일어나는지 주의 깊게 바라보십시오. 마음챙김으로 얻어진 밝은 빛을 공포, 두려움 혹은 걱정거리에다가 직접 비추어 보십시오. 깨어 있는 마음으로 밝은 빛을 품어 보십시오. 자 ~ 호흡과 복부로 다시 의식을 집중하십시오. 의식하면서 호흡하십시오. 호흡하시면서 생각이 진행되는 대로 내버려 두십시오. 무엇이든 느껴지는 대로 느껴 보십시오. 인내심과 믿음을 가지고 지켜보십시오. 실패할 것이라는 생각, 무력감, 절망감에 대한 생각조차도 살펴보십시오. 스스로 일어나는 자비심과 동정심도 지켜보십시오. 생각은 생각으로만 바라보십시오. 신체 내부의 느낌을 자각하고 그것이 어떻게 나타나서 어떻게 변화되어가는지 살펴보십시오. 좀 더 시야를 넓게 가지고 오고 가는 모든 것에 대해 넓고 열린 마음을 유지한 채 편안히 쉬면서 바라보십시오. 바라보고만 있지 휩쓸려 가지 마십시오. 깊은 정적 속에 자신의 마음의 움직임을 살펴보십시오.

자, 이제 끝날 시간이 되어갑니다. 눈을 서서히 뜨고 몸을 좌우로 부드럽게 움직이면서 수련을 마무리하십시오.

4) 마음챙김 훈련 Ⅳ : 하타요가

하타요가는 신체의 움직임, 스트레칭 그리고 특정 자세의 유지와 같은 동작을 하는 동안 신체의 동작, 균형 그리고 감각 등에 대해 세세하게 마음챙김을 키워 나가는 것이다. 마음챙김 하타요가는 하나하나의 동작을 행하는 동안 신체나 호흡의 감각을 순간순간 알아차림 하면서 부드럽게 천천히 한다.

수련자는 순간순간 신체동작과 호흡을 세심하게 살피는 것과 함께 신체동작의 능력 한계도 살피고, 신체 동작 능력의 한계 밖으로 넘어가지 않도록 마음 챙겨야 하며, 목표 이상 더 나아가려고 애쓰지 않도록 끊임없이 살피도록 해야 한다. 하타요가는 수련에 따라 힘과 유연성이 점차적으로 좋아질 수 있는 명상이지 단순한 신체 운동능력의 증가를 위한 것이 아니다. 하타요가는 비판단적 관찰과 몸의 상태를 알아차림 하는 수행기회를 제공해 준다.

요가수련 동안 신체의 동작, 균형 그리고 감각을 주의 깊게 관찰하게 되면 신체의 한계가 서서히 변화되어 간다는 것을 알 수 있게 된다. 수련자들은 요가수행이 지루한 느낌이나 졸림이 올 수도 있는 보디스캔이나 정좌명상보다는 이완된 채 각성상태를 유지하기가 더 좋다고 말한다. 요가는 제3회기에 한 번 하고 제3주에서 6주까지의 숙제로 할당한다. 수련자는 요가수행을 가이드해 주는 수련용 CD나 자세를 보여주는 요가동작 그림을 받는다.

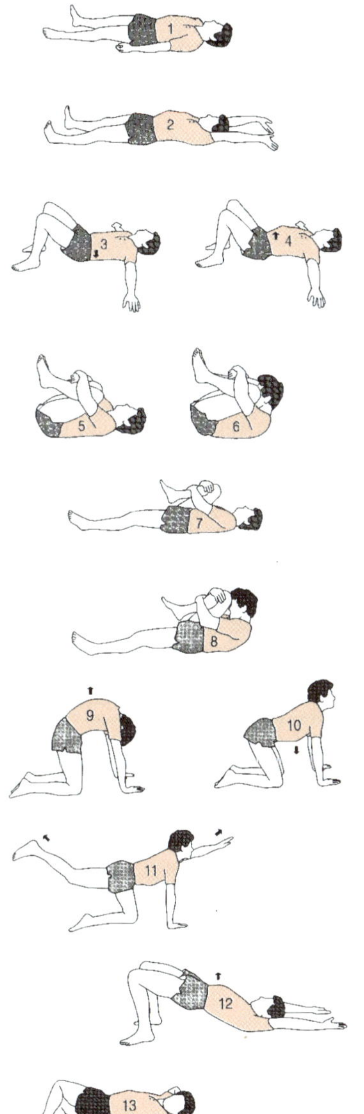

●

요가 자세의 순서1

①~② 바닥에 매트를 깔고 눕는다.

③ 양팔을 벌려 손바닥이 바닥을 향하고 허리를 바닥에 밀착한다.

④ 골반은 바닥에 붙여 두고 허리를 위로 들어 올려 아치 모양이 되도록 한다.

⑤~⑥ 무릎을 감싸 쥐고 양 무릎 사이에 얼굴이 묻히도록 오그린다.

⑦ 양 무릎을 끌어올려 가슴까지 당긴다. 한쪽이 끝나면 교대한다.

⑧ 무릎과 이마가 닿도록 오그린다.

⑨ 고개를 숙이고 최대한 밀어 올려 활처럼 둥근 모양을 만든다.

⑩ 고개를 들어 정면을 보면서 배를 바닥으로 밀면서 자연히 허리가 휘도록 한다.

⑪ 고개를 들어 정면을 보면서 팔과 다리를 쭉 편다. 한쪽이 끝나면 교대한다. 이때, 숨을 들이쉰다.

⑫ 손바닥이 하늘로 향하게 하고 배를 위쪽으로 들어 올린다.

⑬ 팔베개를 한 상태에서 무릎을 모아 양쪽으로 교대로 틀어준다.

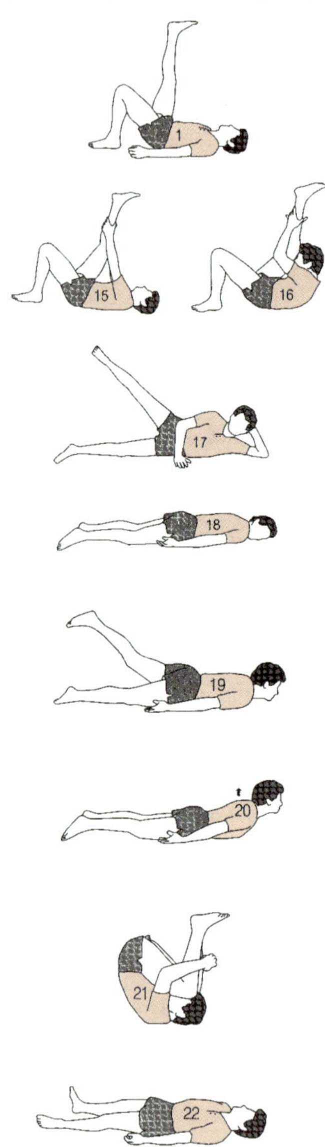

⑭∼⑮ 발바닥이 위로 향하게 하여 다리를 편 상태에서 종아리를 잡고 얼굴이 무릎에 닿도록 상체를 오그린다. 한쪽이 끝나면 반대쪽을 한다. 이때, 숨을 내쉬는데 복부와 전면이 수축되게 한다.

⑰ 옆으로 누워 팔로 머리를 괴고 다리를 벌려 올린다. 반대쪽도 실시한다.

⑱ 하나의 자세에서 다음의 자세로 옮겨 갈 때는 반드시 쉬어야 한다. 그 당시 하고 있던 자세에서 맞춰 눕거나 앉아 있거나 편안한 자세를 그대로 취한다.

⑲ 머리를 들면서 다리를 들어 올린다. 엎드려 다리를 드는 경우는 숨을 들이쉬게 된다. 이것은 어디까지나 움직이는 경우고, 일단 다리를 들어 올린 후에는 호흡의 자연적인 흐름을 주시하도록 한다.

⑳ 전면을 보면서 상체를 들어 올린다.

㉑ 엉덩이를 들어 올려 무릎이 얼굴에 닿도록 한다. 이를 태아 자세라고도 한다.

㉒ 다음 동작으로 옮겨 가기 전에 편안한 자세 그대로 쉰다.

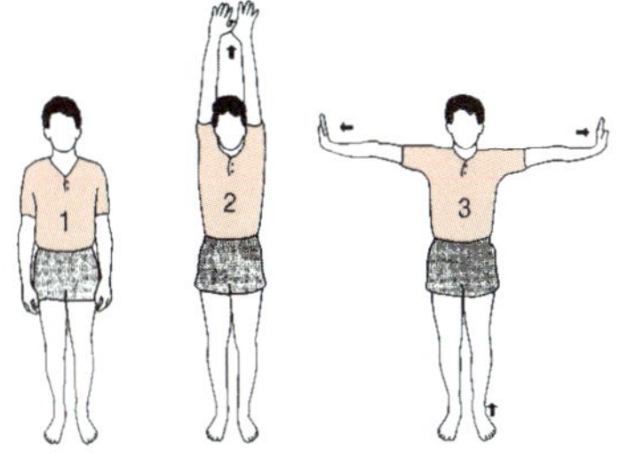

요가 자세의 순서2

① 양발을 30센티미터 정도 벌리고 편안히 선다.

② 엄지손가락을 교차하여 잡고 손바닥을 편 채 들어 올린다.

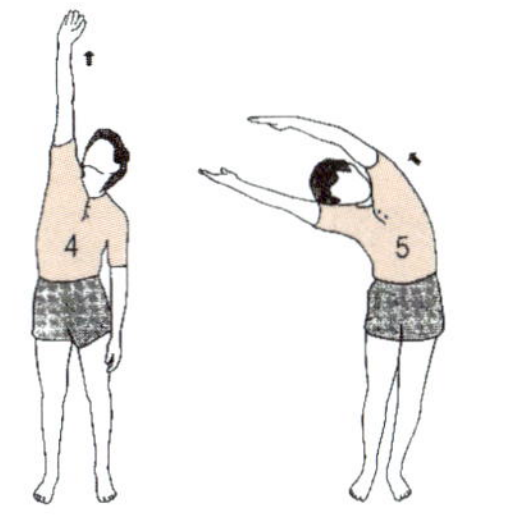

③ 손등을 얼굴 쪽으로 하고 옆으로 밀며 동시에 발가락을 위쪽으로 당긴다.

④~⑤ 양 팔을 머리 위로 죽 뻗어 올리고 그대로 옆으로 몸을 숙인다. 양쪽 모두 교대로 실시한다.

⑥~⑨ 어깨를 돌린다. 처음에는 앞쪽으로, 다음은 뒤쪽으로

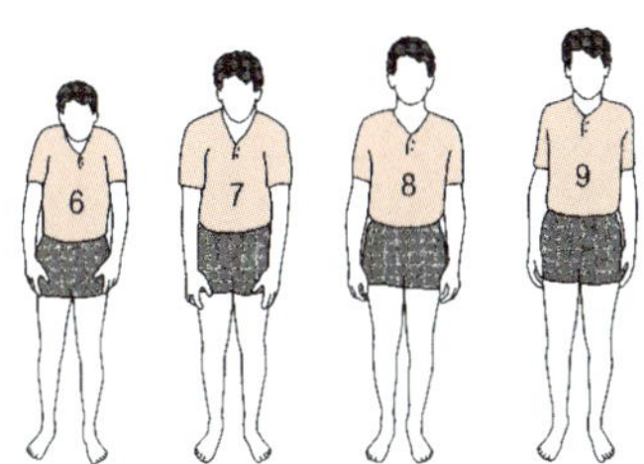

⑥ 어깨를 들어 올린다.

⑦ 어깨를 앞쪽으로 모은다.

⑧ 힘을 빼고 어깨를 떨어뜨린다.

⑨ 어깨를 뒤쪽으로 젖힌다.

⑩~⑬ 목을 돌린다. 처음에는 시계 방향으로, 다음은 시계 반대 방향으로 돌린다.

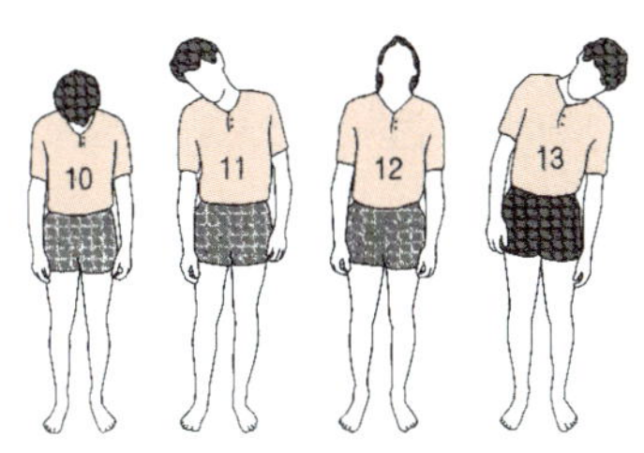

⑭ 양 팔을 어깨 높이로 올려 쭉 뻗고, 한
  쪽 다리는 곧게 옆으로 편다.

⑮∼⑯ 양 발을 어깨 넓이로 벌리고, 양 손
  은 허리 위로 올린다. 몸과 몸통을 최대
  한 옆으로 돌린다. 한쪽이 끝나면 다른
  쪽을 실시한다.

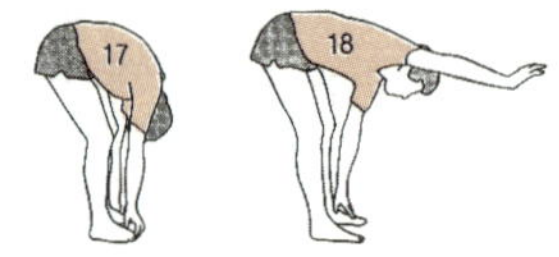

⑰∼⑱ 허리를 숙여 양 손으로 발가락 끝
  을 잡는다. 그리고 한 손을 최대한 위로
  올린다. 한쪽이 끝나면 다른 쪽을 실시
  한다.

⑲ 고개를 들고 정면을 보면서 무릎을 굽
  혀 자세를 낮춘다.

⑳ 양 손을 교차하여 잡고, 한쪽 발의 뒤꿈
  치가 사타구니에 닿도록 한다.

㉑ 발을 감싸 쥐고 무릎을 최대한 바닥에
  붙인다.

㉒ 양 손 엄지를 잡고 팔을 든 후 한쪽 다
  리를 당긴다.

㉓ 한쪽 다리의 종아리를 잡고 다른 한쪽
  다리는 오므린다.

㉔ ㉓의 자세에서 발목을 잡고 앞으로 굽
  힌다.

㉕ 편안한 자세로 서너 차례 복부호흡을
  한다.

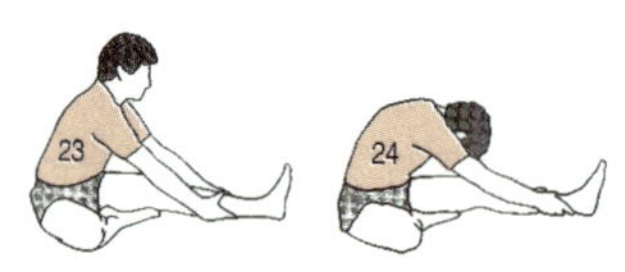

5) 마음챙김 훈련 Ⅴ : 걷기명상

마음챙김 걷기명상은 비공식 수련으로서 걷기 동안의 신체감각과 균형에 주의의 초점을 두는 것이다. 눈은 정면으로 향하고 가능한 한 발쪽으로 내려 보지 말아야 한다. 몸을 움직일 때, 다리를 들어 올릴 때, 균형을 잡을 때 그리고 걸음과 관련 있는 발과 다리의 움직임과 감각 등에 주의의 초점을 둔다.

다른 종류의 명상처럼 마음이 바깥으로 빠져나가 방황하고 있을 때 부드럽게 걷고 있는 다리 감각 쪽으로 주의를 돌리도록 한다. 보통 걷기명상은 매우 느린 속도로 걷기 시작하여 익숙해지면 보통 정도의 속도나 평소보다 좀 더 빠른 속도로도 행할 수 있다. 일반적으로 이 명상은 방안을 가로질러 왔다갔다 하면서 행하며 어떤 특정 도착지점을 미리 선정하지 않고 하는 것이 좋다.

걷기명상에서는 오직 걷는 동안에 일어나는 신체감각만이 주된 주의의 대상이 된다. 초기단계에서는 발과 다리에서 일어나는 감각들에 초점을 두도록 하지만 시간이 지나가면서 걷는 동안 전 신체에서 일어나는 모든 감각들에 대해서도 주의의 초점을 확대해 나가도록 한다.

정좌명상이나 보디스캔에서는 가만히 앉아 있어야 하거나 누워 있어야 하기 때문에 어떤 수련자는 불안이나 긴장감이 생길 수도 있고 참을 수 없을 정도의 불쾌감이 나타날 수도 있다고 하는데,

이런 사람들에게는 걷기명상을 권한다. 걷기명상은 간단한 용무를 보러 간다거나, 차에서 내려 사무실로 간다거나, 사무실에서 차로 향해 가는 동안 또는 마을을 한 바퀴 산책하는 것과 같은 일상생활의 걷기를 마음 챙겨 걸을 수도 있다. 일상생활에서 마음챙김 걷기는 현재 이 순간의 마음과 몸을 보다 계속적으로 알아차림 하는 능력을 길러 가는 데 도움이 될 것이다. 수련자는 마음챙김 걷기명상에 관한 CD를 제공받고 때때로 마음챙김 걷기명상을 연습한다.

【 실습 Ⅴ 걷기명상 】

●

15분 내지 20분 동안 자연스럽게 걸을 수 있는 장소이면 됩니다. 조용한 실내에서나 바깥에서나 산과 들 또는 강변이나 해변 어디에서나 가능합니다.

현재 이 자리에 서 있을 때 느껴지는 신체감각을 먼저 알아차려 보십시오. 발바닥에서 다리를 거쳐 올라오는 감각을 느끼십시오. 팔을 편안하게 하십시오. 두 손을 뒷짐잡거나 그냥 옆에 느슨하게 내려 두십시오. 발바닥과 발의 감각에 주의를 집중하십시오.

자~ 한 발을 천~천히 천~천히 들어 올리면서 시작하십시오. 이렇게 천~천히 천~천히 시작해야만 처음부터 천~천히 걷는 데 도움이 됩니다. 걸을 때 발과 다리의 감각에 집중하십시오. 발을 들어 올리고 앞으로 내밀고 바닥에 내려놓는 등 세세한 걸음 동작에 주의를 집중하십시오. 한쪽 발에서 다른 쪽 발로 몸무게가 어떻게 이동되어 가는지 느껴보십시오. 다리의 느낌은 어떠하며 몸의 움직임은 어떠한지 느껴보십시오. 한쪽 발에서 다른 쪽 발로 몸무게가 이동되어 갈 때 다리의 느낌, 몸의 움직임 느낌을 살펴보십시오. 집중이 잘 안 되거나 마음이 산만해지면 부드럽게 발과 다리의 감각으로 되돌아오십시오.

집중이 잘 안 되거나 마음이 산만해지면 부드럽게 발과 다리의 감각으로 되돌아오십시오. 이런 식으로 천천히 한 발짝 한 발짝 걸으십시오. 발을 들어 올리고 앞으로 내밀고 바닥에 내려놓는 등 세세한 걸음 동작에 주의를 집중하십시오.

집중이 잘 안 되거나 마음이 산만해지면 부드럽게 발과 다리의 감각으로 되돌아오십시오. 이런 식으로 천천히 한 발짝 한 발짝 걸으십시오. 발을 들어 올리고 앞으로 내밀고 바닥에 내려놓는 등 세세한 걸음 동작에 주의를 집중하십시오.

멈추어 서는 것에 대해서도 마음 챙겨 집중해 보십시오. 당신의 몸에 귀를 기울여 보십시오. 더 움직이고 싶은 충동이나 다시 되돌아가거나 다시 더 걷고 싶은 마음이 생기는지 살펴보십시오. 자발적인 움직임보다 움직이려고 하는 의도가 먼저 생기는지 주목하십시오.

이런 식으로 15분 내지 20분 동안 걷기 명상을 하십시오. 걷고 있는 동안 일어나는 모든 것을 관찰하십시오. 생각, 소리, 혹은 그 밖의 다른 것으로 인하여 마음이 산만해지면 잠깐 걷기를 멈춘 후 의식을 다시 집중하십시오. 집중을 방해하는 일을 알아차리면 깨어 있는 마음으로 돌아온 후 부드럽게 걷는 발로 초점을 돌리고 다시 걸으십시오.

처음에는 느린 속도로 시작하지만 좀 더 익숙해지면 정상적인 걸음 속도나 그 이상으로 해 볼 수도 있습니다. 기분이 상해 있거나 초조할 경우에는 좀 더 빠른 속도로 걷고 집중이 잘 되고 순간에 존재할 수 있게 되면 속도를 늦추십시오. 빨리 걷게 되는 경우 오른발을 앞으로 내밀 때 또는 왼발로 땅을 밟을 때와 같은 어떤 한 가지 감각에만 초점을 맞추기가 더 쉬워질 것입니다. 많은 감각들 가운데 어떤 한 가지 감각만을 빠른 움직임 속에서 닻으로 삼아 집중의 대상으로 삼으십시오. 또는 왼발을 들어 올릴 때 속으로 "나는"이라고 읊조리고 오른발을 땅에 내릴 때 "평화롭다"라고 읊조려 보십시오.

6) 마음챙김 훈련 Ⅵ : 일상생활 속에서 알아차림

세수할 때, 청소할 때, 밥을 먹을 때, 드라이브 할 때 또는 쇼핑을 할 때와 같은 일상생활 속의 여러 활동장면에서 마음챙김 수련을 응용할 수 있다. 매 순간순간 알아차림 하는 능력을 키워 나가는 것은 바로 즐겁게 일에 몰입할 수 있는 능력을 키워 갈 수 있을 뿐 아니라 힘들고 어려운 상황을 잘 알아차리고 잘 다루어 나갈 수 있는 능력 또한 함양할 수 있다.

일상생활 속에서 즐거운 순간에 대한 알아차림 훈련은 제2주 동안에 주어지는 숙제 속에 즐거운〔快〕 사건에 대한 관찰 기록을 통해 가능하다. 수련자는 하루 한 가지씩의 유쾌한 사건을 주목하여 이 쾌적인 사건 발생과 관련되어 일어나는 생각, 감정 그리고 감각들을 기록하도록 한다. 이와 유사하게 제3주의 숙제 가운데는 불쾌한 사건에 대한 관찰도 주목하여 기록하게 한다. 쾌 및 불쾌에 관한 알아차림 연습은 쾌·불쾌와 관련되는 생각, 감정, 감각 그리고 쾌·불쾌와 관련되는 심리적 현상과 행동 간의 관계성에 대한 습관적 반응 패턴을 이해할 수 있도록 하는 데도 도움을 줄 수 있다.

일상생활 속에서 호흡명상을 간간이 실천하는 것도 좋다. 호흡명상은 일상생활에서 끊임없이 변화하는 마음의 상태를 알아차림 하는 능력을 길러준다. 순간순간 자신의 호흡에 주의를 기울이면 자각능력과 통찰능력은 길러지는 대신, 타성적이고 자동적이며 비적응적인 행동은 감소된다. 특히 일상생활 속에 마음이 불안하거나 우울할 때 또는 몹시 당황하고 긴장될 때 마음 챙겨 호흡명상을 하면 도움이 된다.

7) 마음챙김 훈련 Ⅶ : 종일명상

종일명상회기는 일반적으로 제6주째 열리게 된다. 이날 수련자는 정좌명상, 걷기명상, 보디스캔, 그리고 요가 수행에 참여하게 된다. 지도자에 의해 제공되는 지시를 제외하고는 하루 종일 침묵 속에서 행해지게 된다. 수련자들끼리 서로 말을 하지 못하게 하고 눈도 서로 마주치지 못하도록 한다. 비록 어떤 수행자들은 이날을 몹시 즐거워하고 마음도 이완된다고 하지만 이렇게 즐거워하는 것이 이날의 수행목표는 아니다. 목표는 이날 하루 동안 지금 이 순간에 머물면서 어떤 일이 일어나거나 알아차림하고 받아들이는 데 있다.

어떤 수련자는 정좌명상을 할 때 신체적 불편감이나 고통을 경험할 수도 있고, 어떤 수련자는 평소에 숨기고 싶어 했던 어떤 감정이 표출되는 것을 느낄 수도 있다. 또 어떤 사람은 따분하고 불안한 마음을 느끼기도 하고, 하루 종일 일상적인 일들을 제쳐둔 채 명상을 하고 있다는 데 대해 일종의 죄의식 같은 것을 느끼기도 한다. 그러나 이날처럼 비교적 오랜 시간 동안 침묵 속에서 알아차림을 하게 되면 보다 강력한 자아각성이 이루어질 수 있는 좋은 기회가 된다.

이처럼 종일명상은 남과의 대화, 독서, 또는 텔레비전 시청과 같
은 일상적인 일에는 관여하지 않고 오직 자신의 경험세계를 비판
단적으로 바라볼 수 있는 기회가 된다. 이러한 침묵 속에서 알아차
림을 체험하는 것이 어떤 수련자에게는 스트레스가 되지만 다른
수련자에게는 즐거움이 될 수도 있다. 그러나 대부분의 수련자는
이날의 경험이 유쾌한 것과 불쾌한 것으로 혼합되어 나타난다고
말한다. 수련자들은 그날의 경험에서 "마땅히 무엇을 느껴야 한
다."거나 또는 "어떤 일이 마땅히 일어나야 한다."는 따위의 기대감
을 갖지 말고 오직 일어나는 대로 지켜보기만 하면 된다. 이날 수
행의 마지막 집단토의에서 수련자들은 그날 자신이 경험했던 것들
에 관해 자유롭게 이야기하고, 지도자는 해석하지 않고 수용하고
공감해 준다.

3

마음챙김의 효과

마음챙김 명상 수련에 있어서 보디스캔, 정좌명상, 하타요가와
같은 공식 명상은 매일 일정한 시간을 마련하여 최소한 45분 이상
꾸준하게 수행해 나간다. 걷기명상, 호흡명상, 먹기명상, 자애명상

과 같은 비공식 명상은 일상생활 속에서 틈틈이 실천해 나간다.

무엇보다 중요한 것은 위의 명상 실천과 더불어 평소 다음과 같은 일곱 가지 마음가짐 태도를 견지하는 것을 강조한다. 첫째, 판단하지 않는다. 둘째, 인내심을 갖는다. 셋째, 초심을 유지한다. 넷째, 믿음을 가진다. 다섯째, 지나치게 애쓰지 않는다. 여섯째, 수용한다. 일곱째, 내려놓는다. 이 일곱 가지 태도를 일상의 삶속에 줄기차게 실천해가는 것이 삶을 지혜롭게 살아가는 데 중요한 것이다.

MBSR, 즉 마음챙김 명상을 8주 이상 수련하면 다음과 같은 질병이 개선되고 삶의 질이 높아진다는 논문이 헤아릴 수 없이 발표되었다.

- 두통, 요통, 견비통 등의 만성 통증의 증후가 개선된다.
- 일반 불안 증후군과 공황 장애가 개선된다.
- 우울증의 증후가 개선되고 재발률이 낮아진다.
- 유방암, 전립선암 등에서 면역수치가 개선되고 암에 따르는 우울증, 불면증 등의 심리적 증세가 개선된다.
- 대식증, 섬유근통증 fibro-myalgia, 불면증, 건선 등의 치료에 효과적이다.

임상집단이 아닌 일반 학생, 주부, 성인 등이 MBSR을 8주간 수행하고 나면

- 우울과 불안이 최대 60퍼센트 정도 감소되고
- 자기 통제력과 자기 수용성이 유의미하게 증가되고
- 영성 spirituality 과 공감 empathy 능력이 유의미하게 증가하며
- 강박증, 대인 민감성, 적개심, 공포감, 신체화 지수가 유의미하게 감소되어 건강해지며
- 긍정적 감정은 증가하고 부정적 감정은 감소되어 행복감을 느끼게 된다.

따라서 마음챙김 명상은 면역계의 기능 강화 등으로 신체의 여러 질병을 개선할 뿐만 아니라 불안, 우울, 적개심, 공포감, 대인 민감성 같은 부정적 감정을 낮추고, 자기통제력, 수용감, 영성, 공감과 같은 긍정적 감정은 증가시킴으로써 삶의 질을 높인다는 것이다. 한마디로 마음챙김 명상 수련은 삶의 고통아픔을 줄여주고, 안락감행복감은 증강시켜 주는 것이므로 행복한 삶으로 바뀌게 되는 것이다. 따라서 마음챙김 명상이야말로 행복을 위한 훈련이고, 웰빙을 위한 훈련이라 할 것이다.

7장
브레이크 아웃

1
브레이크 아웃이란?

우리는 타성적인 삶에서 벗어나 신선하고 역동적인 세계로 나아
가길 갈망한다. 인류는 오랜 역사 속에서 매일매일 똑같은 밥을 먹
고, 똑같은 생각을 하고, 똑같은 행동을 되풀이하는 타성적 삶으로
부터 새로운 세계로 나아가는 자기 변혁의 삶을 위해 치열하게 노
력해 왔다. 그 결과 이러한 획기적인 자기 변혁의 세계가 명상수련
을 통해 가능함을 알게 되었다. 그래서 깊은 신앙심을 갖고 지극하
게 기도하거나 마음을 수행해 나감으로써 이러한 자기 변혁의 새
로운 세계를 지향해 왔다. 이러한 자기 변혁적인 영적 체험의 절정
을 깨달음, 견성, 은총 등으로 표현했다. 더구나 이러한 영적 체험
을 경험하고 나면, 고질병이나 난치병이 일시에 치유되고, 과거에
보지 못했던 새로운 이상세계를 보게 되고, 극적인 정상의 경험과

　　　　　　　

쾌감을 느끼게 된다.

이러한 새로운 극적 경험세계에 대한 표현도 다양하다. 고대 희랍의 아르키메데스가 왕관의 순금도를 재는 방법을 발견하고 "유레카eureka"라고 부르짖었던 발견의 기쁨이나, 불교의 수많은 선승들이 화두의 의미를 타파하고 읊은 '오도송悟道頌'과 같은 고차원적인 정신세계로부터 우리 모두가 일상생활 속에서 자주 경험하는 "아, 바로 이거야!" 하고 무릎을 치는 통찰적인 경험에 이르기까지 실로 다양하다. 이처럼 자기 변혁의 영적 체험은 오랫동안 해결책을 찾지 못해 다람쥐 쳇바퀴 도는 것처럼 제자리걸음만을 일삼고 있던 타성적인 삶이 일시에 끊어지고 돌파구가 열린 새로운 삶의 세계를 말한다.

지난 30여 년 동안 명상을 과학적으로 연구한 하버드 의대의 벤슨 박사는 이런 영적 변형의 세계를 '브레이크 아웃breakout'의 세계라 불렀다. 벤슨 박사는 브레이크 아웃이 발생하는 데는 네 가지 단계가 있으며 일단 브레이크 아웃이 일어나면 뇌와 마음에 엄청난 변화가 일어난다는 것을 신경과학적 증거를 들어 설명하고 있다. 그는 2003년 『브레이크 아웃의 원리Breakout Principle』라는 저술에서 이것은 바로 자기 변혁의 기본과정으로 앞에서 설명한 이완반응과 같은 깊은 심신의 안정상태에서 발생되는 역동적인 것이라고 강조하였다.

불교에서는 참선 수행을 한 선승들이 깊은 이완 끝에 심오한 깨달음의 세계, 즉 견성의 경지를 체험한다고 한다. 바로 이와 같이 깊은 이완 끝에 일어나는 영적 변형의 세계를 체험한 선사들은 너무나 짜릿하고, 극적이고, 통쾌하여 말로는 도저히 표현할 수 없어 덩실덩실 춤을 추거나 불립문자不立文字, 언어도단言語道斷, 이심전심以心傳心의 경지로 표현했다.

그러나 통찰감이나 정상감을 체험하는 영적 변형의 심리적 상태는 이런 초월적 체험으로만이 아니라 생리적·화학적 작용들이 복잡하게 얽혀 전개되는 심리·생물학적 과정으로 설명되기도 한다. 벤슨이 주도하는 하버드 대학의 심신의학 연구팀은 '브레이크 아웃의 원리'에서 이 과정이 일어나는 메커니즘을 자세하게 설명하고 있지만 여기서는 브레이크 아웃의 세계에 대한 요점만을 알아볼 것이다.

브레이크 아웃의 세계란 이전부터 지속되어 오던 정서적 또는 정신적 패턴이 부서지고 난 후, 새로운 마음의 세계가 전개되는 경지이다. 이 새로운 마음의 세계는 다음과 같은 변화들이 수반되는 특징이 있다.

◐ 보다 왕성한 활동성의 충만 에너지의 증가
◐ 더욱 향상된 창의성의 발현 새로운 아이디어 산출

◗ 작업수행상 생산성의 향상 작업 생산성의 증가

◗ 최정상의 운동 수행력 발휘 신기록 수립

◗ 영성의 향상 신비한 종교적 체험

◗ 심신건강의 증진 만성병의 치유

그러면 이러한 브레이크 아웃은 어떻게 일어나며, 이 브레이크 아웃을 촉발시키는 촉발자는 무엇이며, 이 촉발의 방아쇠를 당기게 하는 정신적 훈련은 누구에게나 가능한 것인가?

❷
브레이크 아웃의 과학

브레이크 아웃은 앞 장에서 언급한 이완반응 명상과 어떤 관련을 맺고 있을까? 브레이크 아웃이 일어나는 뇌 과학적 과정에 대한 연구는 이완반응이 일어나는 뇌 과학적 과정의 연구와 같은 방법으로 연구되었다. 다시 말해 이완반응이 일어날 때의 뇌파, 뇌영상, 그리고 보다 미세한 분자생물학적 연구와 같은 다양한 최신 과학적 연구 방법을 통해 브레이크 아웃 발생의 과정을 연구하였다. 브레이크 아웃에 관한 과학적 연구는 이완반응이 스트레스를 감소시켜 건강상 유익한 이점을 주는 것은 물론이며, 이완반응을 뛰어넘어 창조적인 사고, 영적인 통찰 능력, 수행 능력의 비약적 증진, 자아 초월감과 같은 신비한 심리적 영역을 설명할 수 있는 과학적 토대를 마련해 주었다. 이처럼 브레이크 아웃의 과학은 주관적인 심리세계와 객관적인 뇌 과학세계를 서로 연결시켜 주는 새로운 과학이라 할 수 있다.

어떤 난제에 부딪혀 해결의 실마리를 찾지 못할 때 우리는 곤혹감을 느낀다. 이 곤혹감의 느낌이 곧 괴로움이며 쉬운 말로 스트레스를 받는 것이다. 괴로움을 느낄 때는 아드레날린이나 노어아드레날린 혹은 코티졸과 같은 스트레스 관련 호르몬들이 분비된다. 이들 호르몬들은 뇌나 신체를 각성시켜 대사활동을 높임으로써 난제를 해결하기 위한 에너지를 제공하게 된다. 그러나 일반적으로 이러한 스트레스 반응은 일과성에 불과한 단기 반응이다. 그러나 계속 문제가 해결되지 않아 스트레스가 사라지지 않으면 이 스트레스 반응은 일과성 반응으로 끝나지 않고 지속적으로 반응하게 된다. 이렇게 스트레스 반응이 지속적으로 이어지면 심신을 피폐화시켜 결국에는 질병을 일으키게 되는데, 이런 질병을 일컬어 만성병 또는 스트레스 관련 질병이라 한다.

그러나 인류는 이러한 심신의 피폐화를 미리 막아 건강을 지킬 수 있는 지혜를 발견하게 되었다. 그것은 바로 마음과 몸을 적절하

  스트레스는 나의 힘

게 쉬게 하는 명상, 기도, 요가, 기공 등의 마음 수련법을 발견한 것이다. 동양에서 비롯한 명상법들은 약물 치료를 위주로 하는 현대의학이 등장하기 전까지 마음과 몸의 병을 치료하는 의학의 핵심이었다. 그래서 『동의보감』 같은 데도 "마음이 혼란하면 병이 생기고 마음이 안정되면 병이 저절로 치유된다〔心亂卽病生, 心定卽病自癒〕."라고 말했다. 그리고 "마음이 신체의 주인이니 마음을 다스려 병을 치료한다〔神爲一身之主 以道療病〕."라고 했다.

앞장에서 이미 본 것처럼 만트라 수행을 기반으로 하는 집중명상을 실천하는 사람들은 심신의 조건이 개선되어 스트레스에 대한 완화 효과가 일어나 혈압이나 심장박동률 같은 것이 떨어져 심신건강이 양호해진다. 최근에 와서는 이완 명상을 꾸준히 규칙적으로 실천하게 되면 심신건강의 차원을 넘어 창의성의 체험, 자아실현감, 자아 각성의 정상 체험, 생산성이나 운동수행능력의 증가, 심지어는 자아초월감과 같은 영적 변형 체험까지 일어나게 된다는 것이 과학적으로 밝혀진 것이다. 벤슨은 이러한 새로운 심리적 세계의 체험을 '브레이크 아웃의 경험'으로 설명하고 있는데, 브레이크 아웃이 일어나는 데는 4개의 단계를 거친다고 한다. 이에 대해서는 다음 장에 설명한다.

3

브레이크 아웃 경험의 4단계

1단계는 난제에 직면하여 정신적으로나 신체적으로 고통이 수반된다.

새로운 문제를 만나거나 난제를 풀기 위해서 몸과 마음이 긴장하게 되면 스트레스 호르몬의 분비가 늘어난다. 따라서 혈관이 수축되고 혈압은 상승하며 심장박동, 대사활동 등이 증가한다. 쉽게 말해 문제가 풀리기 전 해결책을 찾기 위해 끙끙대며 애쓰고 안달하는 시기가 바로 이 시기에 해당된다.

기업가들이 당면한 난제를 해결하기 위해 고민에 고민을 거듭하고 있다거나, 운동선수들이 기록 향상을 위해 고통스런 신체단련을 받으면서 전전긍긍한다거나, 명상가들이 깨침의 순간을 맛보기 위해 끝없는 고행을 거듭하고 있는 과정들은 바로 1단계의 고행단계에 해당되는 것이다.

2단계는 브레이크 아웃이 일어나 방아쇠가 당겨지는 단계이다.

난제에 직면하여 고통받고 있는 사람들이 골치 아픈 문제를 잠깐 잊어버리거나, 그 문제에 잠시 손을 떼고 물러선다거나, 집착했던 대상에서 떨어져 나와 여유를 가질 때, 또는 이전과는 전혀 다

스트레스는 나의 힘

른 시각으로 문제를 바라봤을 때 돌연히 난제가 풀리는 수가 있다. 이때가 바로 2단계인 것이다. 집착을 놓아버리면 예전과 같은 타성적 사고나 반복적인 정서 패턴이 완전히 바뀐다. 2단계가 발생될 때는 매우 특징적인 생화학적·분자적 반응이 일어난다.

2단계를 촉발시키는 인자는 무엇일까? 2단계에서는 1단계에서 극성을 부렸던 스트레스 호르몬의 작용에 맞서는 새로운 생화학적 물질들이 출현된다. 골치 아픈 문제에 얽매여 허덕이다가 한 발짝 뒤로 물러나서 음악을 듣거나, 명상을 하거나, 기도를 하거나 산책을 함으로써 눈앞에 걸려 있는 문제를 내려놓고 몸과 마음을 쉬는 것이다. 이렇게 심신이 이완되면 스트레스 호르몬 대신 평화의 물질인 세로토닌, 도파민, 엔도르핀과 같은 신경전달물질이 분비되고 일산화질소nitric oxide: NO라는 기체성 물질도 분출된다.

명상이나 기도 도중에 이러한 평화의 물질들이 분비되면 통찰이나 창의성의 발현되어 업무 수행 능력의 증가와 초월감과 같은 의식의 변형이 일어나는데, 이것이 바로 브레이크 아웃이다. 이렇게 하여 과거와 다른 새로운 패턴의 생화학적 변화가 일어나면 끙끙대고 허덕이던 괴로운 상태가 타개되고 신천지가 전개된다. 아르키메데스의 "유레카eureka", 과학자들의 새로운 아이디어의 발견, 예술가들의 심미세계, 수행승의 깨침 등은 바로 브레이크 아웃 상태의 전개라고 말할 수 있을 것이다.

이 단계는 이완반응의 촉발과 함께 창의적인 통찰 경험과 같은 정상 경험을 맛보게 된다. 이때 체험하는 정상 경험 peak experience 은 전혀 기대하지 않았던 그 무엇, 다시 말해 상상하지도 못할 정도의 새로운 아이디어의 분출, 한 차원 높은 수행능력, 엄청난 활력감의 발현 등 놀라운 현상들의 출현과 관련이 있다. 이 단계에서 느껴지는 정상의 경험을 매슬로 Abraham Harold Maslow 는 욕구 5단계의 최정상단계인 자아실현 self-actualization 단계라고 언급했다.

이 단계는 브레이크 아웃이 일어나기 이전의 상태보다 심신 기능이 한 단계 향상된 상태이다. 이렇게 새로운 정상상태는 몸과 마음의 기능이 이전의 상태로부터 한 단계 업그레이드 된 웰빙의 상태, 즉 삶의 질이 개선된 행복하고 건강한 상태를 의미하는 것이다.

일단 브레이크 아웃이 촉발되면 과거식으로 생각해 온 사고의 패턴이나 행동 패턴이 깨뜨려지고 새로워진 사고와 행동 패턴으로 돌입하게 된다. 이러한 브레이크 아웃은 긴장으로부터 벗어나 이완이 이루어질 때 촉발되는 것이다. 이것은 삶의 고뇌, 다른 말로 스트레스에서 벗어나 마음과 몸이 이완되었을 때 나타나는 해방의

경지이다. 이 경지를 영적 변형이나 초월 경험이라는 말로 표현할
수도 있을 것이고, 도道를 깨쳤다는 말로도 나타낼 수 있을 것이
다. 이 브레이크 아웃의 상태야말로 진정한 웰빙이고, 행복한 삶이
라 할 것이다.

4

이완과 각성의 역동성

1) 뇌파연구

깊은 이완에 들어간 수행자의 뇌 속에는 어떤 현상이 일어날까?
1960년대부터 뇌파연구가 시작되면서 많은 신경과학자들이 이 문
제에 관심을 가졌는데, 초기에는 주로 요가명상 수행자를 대상으
로 연구하기 시삭하였다. 이때의 연구를 보면 수행자가 어떤 유파
의 요가 수행을 하는지 그 방법에 따라 뇌파의 결과가 다르고 또
수행자의 수행 정도에 따라 달라서 일관성 있는 연구 결과를 얻지
못했다. 1980년대에 와서부터 뇌파 연구 방법이 일반화되면서 명
상 수련을 하는 사람의 뇌에서는 주로 느린 뇌파徐波인 알파파α
wave와 세타파θ wave를 보이는 것이 특징이라고 알려지기 시작했
다. 그래서 수행자의 뇌에서 알파파나 세타파와 같은 느린 파형의

뇌파를 보이는 것은 수행자의 마음이나 신체가 안정 이완 상태_定에 머물고 있다는 것을 의미하는 것이라고 해석했다.

그러나 최근에 들어와서는 집중명상인 사마타^{samatha}나 자비명상을 전문적으로 수행하는 티베트 승려들의 뇌에서 초당 40사이클 정도의 매우 빠른 뇌파_{速波}인 감마파 γ wave가 나타난다는 것이 새롭게 발견되었다. 이 감마파는 고도의 정신집중을 의미하는 뇌파이다. 이처럼 마음을 수행하는 방식에 따라 뇌파가 다양하게 나타나기에 뇌파의 특징만으로는 수행자의 뇌 역동성을 일관성 있게 이해하기 힘들다고 생각하게 되었다.

2) 뇌영상 연구

2000년대에 들어와 fMRI라는 뇌영상장치가 활용되면서 명상 동안 뇌 활동의 역동적 연구가 새로운 국면을 맞이하게 되었다. 즉, fMRI를 통해 기도, 집중명상 또는 마음챙김 명상을 하고 있는 수행자들의 뇌 속에서 일어나는 역동적 변화를 실시간으로 알아볼 수 있게 되었다. 이 장치는 어떤 특정한 순간 뇌의 다양한 영역들로 흘러 들어가는 혈액의 양을 측정함으로써 특정 활동부위의 뇌를 알아낼 수 있는 것이다.

이런 연구들 가운데 가장 두드러진 연구의 하나로 하버드 의대의 심리학자 라자^{Lazar} 박사가 중심이 되어 연구한 fMRI연구가 있다. 이 연구는 명상을 하고 있는 시크교도들을 대상으로 fMRI를 촬영하여 그 결과를 〈뉴로 리포트 Neuro Report〉라는 신경과학잡지 2000년 5월호에 발표한 것이다. 이 연구는 명상 중의 뇌 활동을 fMRI로 연구한 세계 최초의 연구 중 하나이다. 시크교는 15세기경에 생긴 종교로 이슬람교와 힌두교의 원리를 결합해 유일신을 신봉하는 종교인데 머리에 독특한 터번을 감아올린 모습이 특징으로 인도 북부지방을 중심으로 유행하는 종교이다.

하버드 의대 연구팀은 명상에 들어가기 전 6분간의 통제시간 동안 실험에 참가한 피험자들에게 생각나는 대로 동물의 이름을 들어보라고 했다. 예컨대 고양이, 개, 새, 코끼리 등등…. 통제시간인 6분이 지난 후 명상 시간에 들어갔다. 이때는 숨을 들이 마실 때는 평소 시크교도들이 많이 사용하는 '새트남 satnam'이라는 만트라를 읊조리고, 숨을 토할 때에는 '와헤구루 waheguru'라는 만트라를 읊조리라고 시시했다. 이런 식으로 그들 자신들의 종교적 믿음과 초점적 단어 만트라를 결합시켜 몸과 마음에 이완반응이 일어나도록 하였다.

이러한 만트라 명상에 들어간 시크교도들은 몇 분이 지나자 뇌와 신체에서 역동적인 변화가 일어났다. 기대했던 대로 이들이 이완에 들어가자 전반적으로 몸과 마음이 안정되고 느린 호흡을 보여주는 심신의 변화가 나타났다. 그러나 fMRI를 통한 신경학적 측정에서는 기대하지 않았던 새로운 변화들이 관찰되었다.

fMRI를 통한 뇌 영상에서는 대부분의 뇌 부위가 안정된 모습을 보여주었지만 주의집중, 시간과 공간의 개념, 의사 결정이나 정신적 초점의 선택과 같은 심리적 기능을 담당하는 특정한 뇌 부위에서는 극단적인 활동성을 보여주었다. 한편 명상 동안 혈압, 심장박동, 호흡률과 같은 자율신경계 활동을 통제하는 변연계와 뇌간에서도 혈액이 유의미하게 더 많이 흐른다는 사실도 관찰할 수 있었는데, 이것은 자율신경계 활동을 담당하는 뇌 부위가 활성화된다는 뜻이다.

마지막으로 명상을 끝낸 직후에 fMRI상에 두드러진 변화가 나타났다. 즉 피험자들에게 지금까지 해 오던 명상을 일단 멈추고 면전에 설치된 스크린 위에 나타난 한 개의 점을 3분 동안 응시하도록 하였더니 명상 동안 안정 상태를 보여주던 전체 뇌 활동이 극적으로 다시 활동하기 시작했다.

이처럼 마음이 집중되어 안정 상태에 머물고 있을 때 뇌는 다음과 같은 세 가지 특징적 역동성을 보여준다.

첫째, 뇌의 전반적 활동성은 평소보다 더 안정된 모습을 보여준다.

둘째, 혈압, 심장박동률, 호흡률과 같은 자율신경계 활동을 조절하는 뇌간과 변연계 활동은 오히려 증가한다.

셋째, 주의집중, 공간과 시간 개념, 그리고 의사결정의 집행과 수행에 관련하는 뇌 부위의 활동성도 증가한다.

5
브레이크 아웃 발생과 일산화질소의 분출

앞서 본 것처럼 힘겨운 일에 매달려 끙끙거리고 있거나 고통받고 있을 때 한발 뒤로 물러서거나 집착하고 있던 대상을 내려놓고 깊은 이완에 들어가면 갑자기 문제가 해결되는 수가 있는데, 이것이 바로 브레이크 아웃의 촉발이다. 브레이크 아웃이 일어나는 데는 일련의 생물학적 과정이 전개된다.

하버드 의대의 분자생물학자 스테파노Stefano, 정신의학자 프리치오네Fricchionne 그리고 심장내과 의사 벤슨Benson 등이 2001년 〈뇌 연구 개관Brain Research Review〉이라는 신경과학 잡지에 발표한 한 논문에서 이완반응, 플라시보 효과 그리고 브레이크 아웃이 일어날 때는 일산화질소nitric oxide; NO라는 기체성 물질이 몸에서 분출되어 나온다고 주장했다. 이 논문을 평가한 한 논평자는 이 연구의 결과는 "근본적이고seminal, 뛰어난brilliant 연구"라고 높게 평가했고, 또 다른 논평자는 "엄청난enormous, 가능성 있는 기념비적인 의미 monumental significance를 갖는 연구"라고 평가했다. 이처럼 이 연구는 명상 연구에 있어 엄청난 영향력을 가진 역사적으로 주목받는 연구 결과라 할 수 있다.

그러면 이 논문의 연구 결과를 요약해보자. 먼저 10~20분 정도 믿음의 체계에 뿌리를 둔 만트라나 기도문을 반복적으로 읊조리거나 조깅, 걷기, 음악 듣기와 같은 반복적 신체 활동이나 이완된 심리 상태가 되면 브레이크 아웃의 방아쇠가 촉발된다. 브레이크 아웃이 촉발되면 이전의 타성적 사고와 정서적 패턴은 일시에 끊어짐과 동시에 심신 활동에 유익한 생화학적 전달물질들이 몸과 뇌속에서 분출되기 시작한다.

이때 무엇보다 먼저 출현하는 물질이 바로 일산화질소^{NO}이다. 일산화질소라는 가스가 뇌와 몸속으로 스며들어 가면 스트레스 호르몬인 노르에피네프린의 분비 수준이 일시적으로 증가한다. 그러나 곧 일산화질소는 노르에피네프린과 다른 스트레스 호르몬의 분비를 억제시킨다. 한편 일산화질소의 분출이 늘어나면 유쾌한 정서를 야기하는 도파민과 엔도르핀과 같은 "정신적 메시지 전달자 mental message carrier"의 분비를 촉진시킨다. 이러한 즐거움을 매개하는 물질의 분비결과로 혈관은 확장되고 심장박동은 느려지며 스트레스성 반응이 소멸되면서 내면적 안정감이 생기고 행복감을 느끼게 된다.

일산화질소^{NO}라는 물질은 기체성의 작은 분자로 되어 있는데 우리 몸속에서 제한받지 않고 자유롭게 활동할 수 있는 물질이다. 예컨대 일산화질소는 기체성 확산 조절자로 작동하는 활성산소기radical이며, 메시지를 운반하는 물질로서 '휙휙' 바람처럼 스쳐가는 가스로 온몸과 중추신경계를 자유롭게 흘러다닌다. 일산화질소의 분출은 심신건강에 놀라울 정도의 많은 이점을 제공해 준다. 스테파노 박사 등은 일산화질소가 건강에 미치는 다양한 효과를 다음과 같이 요약하고 있다.

◐ 일산화질소는 신경조절전달자신경전달물질로 작용하여 뇌를 보다 효율적으로 작용할 수 있도록 한다.

◐ 일산화질소는 도파민과 엔도르핀과 같은 신경전달물질의 방출을 촉진하여 마음의 안정감을 증진시키고, 최상의 쾌감을 경험하도록 돕는다. 예를 들어, 조깅을 즐기는 주자走者들이 경험 하는 달리기의 쾌감이라든지 운동선수, 각종 연주자, 연설가들이 최고 수준의 수행을 했을 때 느끼는 '절정감peak experience'과 같은 쾌감이 일산화질소 분출과 관련이 있다.

◐ 일산화질소는 온몸에 걸쳐 혈류의 이동을 조정하며, 뇌졸중 발생과 관련 있는 뇌 부위에서 혈액의 흐름을 개선하여 산소 공급을 늘림으로 치료의 효과를 높인다.

◐ 일산화질소는 여성호르몬 에스트로겐의 효과를 높인다. 특히, 폐경기 이후의 여성 우울증 환자의 치료에 효과적이다.

◐ 일산화질소는 혈관을 확장하여 심장의 혈액흐름을 개선시킨다. 특히, 심장우회수술을 받은 환자의 회복에 중요한 역할을 한다.

◐ 일산화질소는 남성의 성적 무력감을 개선하고, 면역계통의 기능을 강화한다.

◐ 일산화질소는 이완반응이 일어나게 하는 생화학 작용의 기초를 제공하여 플라시보 효과를 극대화한다.

이상에서 언급한 일산화질소가 건강에 유익한 영향을 미친다고 하는 연구 결과들은 스테파노 등이 이완 명상 등을 실천하고 그 효과를 검증한 여러 논문들의 결과를 종합해 내린 결론이다. 이 결론이 시사하는 점은 염불이나 기도와 같은 만트라 명상, 간화선의 화두 참구, 108배와 같은 반복적인 절 동작 등을 수행하는 불교의 집중명상이나 가톨릭이나 개신교에서 하는 신의 찬미 기도문, 묵상, 찬송 등의 각종 마음집중기도나 민간신앙에서 절실한 소망을 담은 기도 등과 같이 기도자 자신의 강력한 믿음과 자신의 마음을 한 곳에 모으는 것이 치료효과가 있다는 것을 뒷받침해 주는 것이다. 이러한 집중명상을 하는 것이 처음에는 다소 어려움이 따르지만[1단계],

계속 되풀이하면서 집착을 내려놓으면 브레이크 아웃^{2단계}이 나타나고, 드디어 소원이 성취되어 절정감 상태^{제3단계}에 이르고, 마지막으로 심신의 상태가 과거보다 많이 좋아진^{제4단계} 웰빙의 상태^{행복하고 건강하고 삶의 질이 높아진}에 이른다는 것을 강력하게 뒷받침해 주는 것이다.

6
브레이크 아웃의 실제

L씨는 대기업의 과장급 간부로서 직장생활에서 스트레스가 많아지면 혈압이 올라가고 편두통이 심해 혈압 약을 복용하는 전형적인 스트레스 관련 환자이다. 그는 날이 갈수록 편두통이 심해져 약물 복용량을 높여갔지만 약물복용으로서는 별 효과를 보지 못해 스트레스클리닉에 찾아온 환자였다. 심리상담 끝에 L씨의 편두통은 직속상관이 직접 스트레스를 가하거나 특정한 동료와 의견이 맞지 않아 서로 다툴 때 더욱 심한 통증이 일어난다는 것이 밝혀졌다.

L씨의 두통 해결을 위해 심호흡을 중심으로 하는 이완반응 명상을 훈련시켰다. 이 훈련을 하면서 골치 아픈 인간관계 상황에서는 한 발짝 뒤로 물러서서 바라보는 태도를 가질 수 있도록 도와주고,

브레이크 아웃을 경험할 수 있는 기회를 제공해 주려고 하였다. 이완 명상을 매일 아침 식사 전에 하도록 권하였고, 적절한 만트라를 선정하는 것도 도와주었다.

L씨는 크리스천이었기 때문에 그에게 알맞은 만트라로 '귀하신 주님'을 선택하도록 하였다. L씨에게 눈을 감고 앉아서 10분 정도 숨을 들이쉬고 내쉴 때마다 '귀하신 주님'이라는 만트라를 조용히 반복하도록 하였다. 또한 일상생활 중에 스트레스 상황에 봉착할 때마다 가능하면 조용한 장소에서 편안한 의자에 앉아 자신만의 시간을 갖도록 하라고 충고했다. L씨는 스트레스가 심한 회의 직전 잠깐 동안 이완 명상을 활용하였다. 또한 L씨의 직장에서는 10분 정도 커피를 마시고 휴식을 취할 수 있는 시간이 허용되었기 때문에 이 시간을 이용해 만트라를 활용하는 이완반응 훈련도 했다.

이러한 이완반응 훈련을 시작하자 L씨는 상사와 동료들을 이전보다 훨씬 편안하고 침착하게 대할 수 있게 되었다. 이완명상 훈련을 2주 정도 계속한 결과 대인관계도 잘 해 나갈 수 있다는 자신감을 갖게 되었다.

집에서 이완 훈련을 1시간 정도 했는데, 상사와 동료를 대하는데 새로운 방법이 머리에 떠올랐으며, 또한 자신에게 주어지는 압력을 다른 방향으로 돌릴 수 있는 방법도 생각할 수 있게 되었다. 즉 상사와의 관계에서는 더욱 적극적으로 업무를 처리함으로써 상사를 놀라게 했다. L씨의 상사는 L씨의 업무처리능력에 대해 평소 불만이 있었던 것은 아니었지만 상사 자신이 받는 압력을 L씨에게 전가하는 경향이 있었다. 그래서 자신이 짜증이 날 때면 누구든 옆에 있는 사람을 괴롭히곤 했는데, 주로 그 대상이 가까이서 일하는 L씨가 되곤 했던 것이다.

L씨는 상사의 처지를 이해하고 나서 그의 처지에 좀 더 공감하려고 노력하기로 했다. 그래서 상사가 짜증을 낼 때마다 "제가 어떻게 해 드리면 도움이 되겠습니까?" 하고 묻는 습관을 길렀다. 그러자 상사는 이전과 달리 보다 차분하게 생산적인 방향으로 논의하게 되었다.

한편 동료와의 문제에서는 단 몇 번의 이완 훈련 후에 효과적인 방법을 찾아낼 수 있었다. 의견이 맞지 않아 동료가 언성을 높이기 시작하면 L씨는 조용히 침착하게 동료를 바라보면서 즉각적으로 답을 하는 대신 고개만 끄덕이기도 한 것이다. 그러고 나서 편안하고 친숙한 어조로 "그 생각도 흥미있는 아이디어군요." 하고 입을 연 다음 자신의 의견을 제시하기 전에 상대의 의견을 좀 더 자세히 들어보는 것이다. 대개의 경우 동료는 이런 예기치 못한 반응에 흥분을 가라앉히게 되었지만 계속 흥분하는 경우 L씨는 일단 뒤로 물러났다가 다시 부드럽게 접근하기로 했다.

그렇다면 이러한 대인관계의 전략 변경이 L씨의 건강에는 어떤 영향을 미쳤을까? 바로 몇 주 후에 L씨의 두통은 사라졌고, 한 달 후에 혈압을 재보니 정상 수준까지 떨어졌다. 그래서 L씨는 혈압 약의 복용량을 줄일 수 있었고, 이런 상태가 계속 유지되어 마침내 는 혈압 약을 완전히 끊을 수 있게 되었다.

이렇게 성공적인 결과를 보이게 된 이유를 브레이크 아웃과 관 련하여 추리해 볼 수 있다. 우선 L씨는 직장에서 혼란스러운 정서 와 건강에 악영향을 미치는 스트레스 상황에 휩싸여 있었음을 알 수 있다. 이 스트레스 상황을 극복하기 위해 L씨는 집에서 이완반 응을 일으키는 명상을 했고, 직장에서도 틈틈이 이완반응을 수행 하였다. 이렇게 이완반응을 반복 실천하여 브레이크 아웃이 유발 될 수 있는 충분한 여건을 만들었다. 나아가 그가 선택한 만트라, 즉 "귀하신 주님"은 그의 개인적 신앙생활과 직접 와 닿아 신념체 계와 연결되기 때문에 극적인 효과를 볼 수 있어 브레이크 아웃이 유발되었다.

브레이크 아웃을 경험하고 나서 스트레스와 긴장으로 가득 찼던 L씨의 사고패턴은 편안하고 새로운 아이디어로 가득한 신선한 형 태로 바뀌게 된 것이다. 이렇게 L씨의 창조적이고 통합적인 사고방 식이 반복적인 걱정과 근심의 악순환적 사고방식 패턴을 대치한 것이다. 무엇보다 중요한 것은 브레이크 아웃 이후에 떠오른 새로 운 아이디어들이 그가 처한 관계 속에서 문제를 해결하는 데 큰 도움이 되었다는 것이다. 자신의 사무실에서 가능한 휴식 시간에 체험한 짧은 이완반응 명상의 실천과 그에 따른 브레이크 아웃의 체험이 그의 업무 환경을 변화시켰고, 건강에도 큰 도움이 되었던 것이다.

이상 L씨의 사례를 브레이크 아웃 발생의 4단계에 맞추어 설명해 보기로 하자. 단계 1은 상사와 동료와의 관계 때문에 시작된 갈등과 스트레스를 느끼는 단계이다. 이 갈등과 스트레스를 해결하

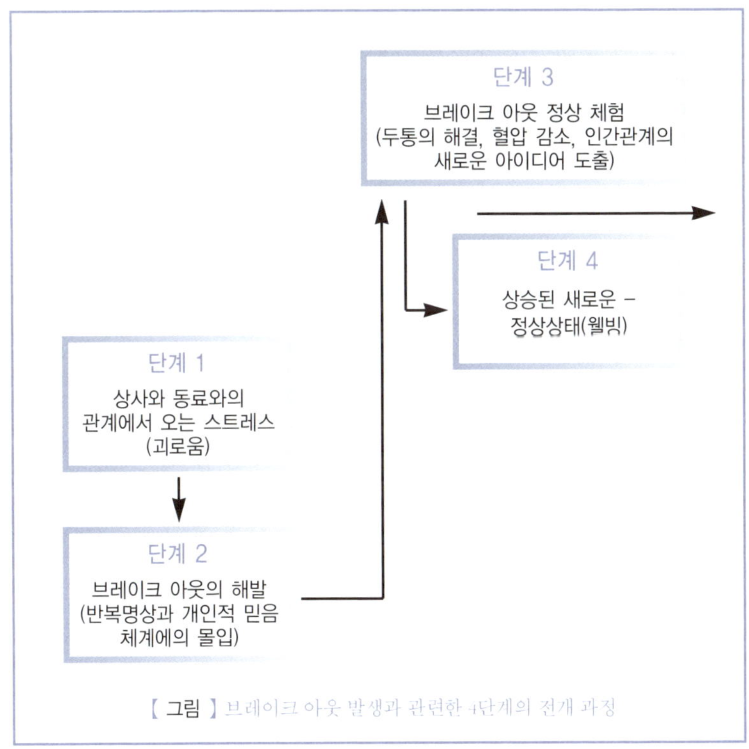

【 그림 】 브레이크 아웃 발생과 관련한 4단계의 전개 과정

기 위한 방법으로 반복적인 만트라 읊조리기와 같은 이완반응 명상과 자신의 신념체계를 결합시키는 훈련 끝에 제2단계인 브레이크 아웃이 일어나게 된다. 이 단계에서 생리학적·생화학적·신경생물학적 반응들이 일어나 드디어 브레이크 아웃이 촉발되어 제3단계의 정상체험을 경험하게 된다. 이 정상체험상태에서 그 동안 괴롭혀 오던 두통이 사라지고, 혈압이 낮아졌으며, 인간관계에 대한 새로운 아이디어들도 얻을 수 있었다. 마지막으로 브레이크 아웃의 정상체험이 누적되어 과거보다 더욱 발전되고 향상된 새로운 심신상태 즉 삶의 질이 향상된 행복한 삶을 영위할 수 있는 웰빙의 상태가 된 것이다.

8장
명상을 통한 심신 치유 ;
웰빙의 세계

1
명상의 임상장면 도입

앞서 우리는 호흡이나 만트라 명상 수련을 통해 일어나는 이완 반응과 자신의 신념체계가 결합되면 만성병을 예방하고 치료하는 데 큰 도움이 된다는 점을 살펴보았다. 또 우리는 마음으로 신체의 병을 다스리는 새로운 추세의 심신의학 또는 행동의학에 대해서도 알아본 바 있다. 이처럼 오늘날 명상은 질병의 치료와 예방에 적극적으로 활용되고 있다.

사실 명상_{meditation}과 의학_{medicine}은 어간_{medi}이 서로 같다. 'medi'는 라틴어의 '치료하다'라는 'mederi'에서 비롯된 말이며, 이 'mederi'는 인도 유로피안어의 'measure', 즉 '측정하다', 또는 '조정하다'라는 뜻에서 연유된 것이다. 이렇게 보면 명상은 마음을 조정하여 치료하는 것이라 볼 수 있을 것 같고, 의학은 몸을 조정하여 치료하는 것이라 볼 수 있다. 미국 국립보건원 대체의학연구소의 초대 소장을 맡았던 저명한 의사이면서 작가인 래리 도지Larry Dosey 박사는 "21세기 의학은 기氣로써 병을 진단하고 치료하는 원격의학Telesomatic medicine"이 활기를 띨 것으로 예견하였다.

도지 박사의 예견대로 21세기 벽두부터 세계적인 명문 의과대학에서 심신의학을 중심으로 하는 통합의학 또는 보완대체의학이 새로운 의학교육의 정규과목으로 등장하고 있고, 또 많은 대학병원에 심신클리닉이 개설되고 있다. 2001년 듀크 의대 교수로 있는 쾨니히Koenig 박사는 『신념의 치유력』이라는 책을 펴냈는데, 이 책의 내용은 '기도가 지닌 치유력'이 주된 내용이다. 하버드 의대의 벤슨 박사도 2003년 명상을 통한 『브레이크 아웃의 원리』라는 책을 출판했는데, 이완 반응에 의해 일산화질소NO가 분출되면 심신의 장애가 획기적으로 개선된다는 점을 강조하고 있다. 2003년 8월 4일자 〈Time〉지는 '명상의 과학Science of Meditation'을 주제로 다루었고, 2005년 9월호 〈Life〉지는 '심신의학Mind/Body Medicine'을 주제로 다루었다.

2005년 최첨단 과학학회의 하나인 '신경과학회Society for Neuroscience'에서는 달라이 라마 스님을 기조 연설자로 초빙하여 '뇌의 가소성'이라는 제목의 특별 강연을 했다. 달라이 라마 스님은 명상 수련이 뇌를 바꾸어놓는다는 것을 1만 4천여 명의 뇌 과학

자들 앞에서 강연한 것이다. 이런 일련의 사건들은 명상이나 기도
와 같은 마음의 훈련이 21세기 의학과 뇌 과학의 주제가 된다는 것
을 강력하게 뒷받침해 주는 증거들이다.

마취 통증 전문의이면서 침술가이고, 또한 요가 명상 수련가이
기도 한 칼샤Dharma Singh Khalsa 박사는 『의료로서의 명상Meditation
As Medicine』이라는 책을 2001년 펴냈다. 그는 이 책에서 만성병의
예방과 치료에 명상을 의료로 활용할 수 있는 근거들을 들고 있다.
그는 명상이 노화를 방지하고 뇌를 젊게 해 주기 때문에 치매의 예
방에 탁월한 효과가 있다고 강력하게 주장했다. 칼샤는 미국 치매
예방재단의 이사장이고 애리조나 의과대학의 스트레스의학과 만성
통증연구소장을 역임한 적도 있는 통합의학의 선구자이다.

명상이나 요가수련은 내분비 호르몬 분비와 관련 있는 변연계,
시상하부, 뇌하수체, 송과선 그리고 그 밖의 내분비선의 기능을 부
활시킨다. 왜냐하면 명상은 내분비선 활동을 자극하고, 부교감신
경계의 작용을 활성화시키는 대신 교감신경계의 기능을 억압하기
때문에 스트레스 반응은 억압하고, 이완반응을 증가시켜 몸과 마
음의 평화를 불러오기 때문이다.

어떤 종류의 명상훈련이라도 이완반응을 일으키기 때문에 스트
레스 반응을 억제한다. 그러나 가장 효과적인 것은 동적인 명상수
련하타요가, 태극권과 정적인 명상수련정좌, 보디스캔이 적절하게 혼합되

어 있는 수련이 심신치유에 보다 효과적이라는 사실이 입증되었다. 그 이유는 동적·정적 명상활동의 적절한 결합이 내분비선의 활성화를 최적화시켜주기 때문이다. 칼샤 박사는 의료용으로 사용할 수 있는 명상으로 다음과 같은 것들을 들고 있다.

기도pray, 심상법visualization, 수피명상sufi meditation, 유도된 심상 guided imagery, 이완반응relaxation response, 초월명상transcendental meditation, 선불교명상zen buddhist meditation, 미국원주민명상native american meditation, 태극권과 기공을 포함하는 운동명상movement meditation including tai chi and qi gong.

위에 열거한 여러 가지 의료명상들에 포함되어 있는 공통적 요인은 명상이 마음의 흔들림을 멈추게 해 주기 때문에 마음의 안정을 가져온다는 것이다. 이런 마음의 안정定을 가져오는 명상법이 바로 지법止法 수련이다.

2
명상의 임상효과

1) 집중명상수련의 일반적 효과

벤슨 박사는 만트라 수행과 같은 집중명상을 통해 일어나는 심신의 안정^{이완반응}과 개인의 믿음체계가 서로 결합할 때 생겨나는 '신념요인^{faith factor}'의 임상적 효과를 다음과 같이 요약하였다.

- ◐ 긴장의 악순환 고리를 끊음으로써 긴장성 메스꺼움, 구토, 설사, 변비, 호흡곤란 등에 대처할 수 있다.
- ◐ 과호흡증^{hyperventilation}에 대처할 수 있다.
- ◐ 두통, 요통, 협심증 등의 고통을 경감시켜 준다.
- ◐ 고혈압 증상에 대처할 수 있으며, 심장박동이 불규칙한 부정맥에도 도움이 된다.
- ◐ 불면증을 치료할 수 있다.
- ◐ 암 치료에 응용할 수 있다.
- ◐ 전반적으로 스트레스 폐해를 막을 수 있다.
- ◐ 창의력을 높일 수 있다.

앞에서 살펴본 만트라의 읊조림과 같은 명상수련과 '믿음'이라는 요소를 결합한 신념요인이 위에 본 것처럼 실로 엄청난 치료 효과를 일으킨다는 데 대해 의심할 수도 있을 것이다. 하지만 이런 임상 결과는 이미 수십 년 간 세계최고의 의료기관인 하버드 의대 부속병원 등의 충분한 과학적 증거들로 뒷받침 되고 있다.

거듭 언급하는 바이지만 다음과 같은 사실을 다시 한 번 상기해 보자. 스트레스에 직면하여 교감신경계가 활성화되면 위에 나열한 심신의 증후가 야기되지만 호흡이나 만트라 등의 명상을 실천하면 이완반응이 일어나 교감신경계의 활성은 억제되고 부교감신경계의 활성이 강화되어 교감신경활성의 폐해를 막아 치유 효과가 높아지는 과정은 지극히 합리적인 것이다.

명상수련을 통해 이완반응의 효과가 나타나는 데는 다소 시간이 걸리고 또한 개인 차도 있다. 어떤 이들은 한두 주일 명상만 해도 효과가 나타나는가 하면, 다른 이들은 1년 정도 해야 효과가 날 수도 있다. 명상수련으로 일어나는 증상의 변화는 다음과 같다.

◗ 질병과 증상에 대한 염려가 차츰 줄어든다. 따라서 불안과 긴장의 악순환에서 벗어날 수 있다.

◗ 증상이 서서히 가벼워짐을 느끼게 된다.

◗ 증상이 나타나는 빈도가 줄어든다.

◗ 고통을 느끼지 않는 시간이 점차 늘어난다.

◑ 증상이 사라지거나 비록 남아 있더라도 일상생활을 영위하는
데 별 지장이 없을 정도로 줄어든다.

2) 집중명상이 특정 증후군에 미치는 효과

아래에 든 사례는 벤슨 박사가 1984년에 펴낸 『이완반응을 넘어
서』에서 발표한 것을 정리하여 인용한 것이다.

① 과호흡증후군

59세의 한 성공한 세일즈맨이 극심한 과호흡증후군으로 고통을
받고 있었다. 그는 긴장하게 되면 가쁘게 숨을 몰아쉬곤 하였는데,
때로는 별 뾰족한 이유가 없어도 그 같은 증상 때문에 고생했다.
과호흡의 결과로 현기증, 가슴 통증, 손과 손가락이 따끔따끔하게
느껴져 기절할 것 같은 두려움이 엄습해왔다.

이 환자는 가톨릭신자였으므로 '하늘에 계신 우리 아버지'와 같
은 주기도문을 만트라로 선정해 주고 이완반응을 일으키라고 처방
했다. 몇 주 동안 이완반응을 실천하여 과호흡증후군에 대처하는
방법을 배우게 했더니, 더 이상 발작에 시달리지 않았다.

이처럼 만트라와 횡격막 호흡을 결합하는 방법만으로 긴장 발작
이나 과호흡증후군에 대처할 수 있다. 이때 한 가지 만트라만 거듭
사용하는 것이 이것저것 만트라를 바꿔가면서 사용하는 것보다 더

　　　　　　　　　스트레스는 나의 힘

효과적이다.

② 통증증후군

명상을 통해 이완반응이 일어나면 두통, 요통, 협심증 등의 각종 통증에 효과적으로 대처할 수 있다는 임상사례는 수없이 많다. 몇몇 대표적 사례를 들어보자.

36세의 사회복지사인 환자 A는 일주일에 사나흘을 극심한 편두통에 시달렸다. 얼마나 두통이 심했는지 때로는 온종일 컴컴한 방의 침대에 누워 있어야만 했다. 이럴 때는 집안일도 직장 업무도 제대로 할 수 없었다. 이 환자에게도 종교적 취향에 따른 만트라를 선정해 주고 심호흡을 시켰다. 얼마 지나지 않아 두통의 정도가 한결 가벼워졌고, 두통 발작이 일주일에 한 번 정도 나타날 정도로 빈도가 줄어들더니, 6개월 정도 명상을 지속하였을 때는 두 달에 한 번 정도 가벼운 두통을 보여, 가정에서나 직장에서 즐겁게 일할 수 있게 되었다.

이번에는 명상이 요통에 효과적이라는 사례를 들어보자. 32세의 젊은 나이로 재벌급 회사의 과장이 된 B씨는 심한 요통 환자이다. 고통이 얼마나 심했던지 앉거나 설 수도 없는 지경이었다. 일반적인 치료법이나 약물복용으로는 별다른 차도가 없을 뿐더러 오히려 더 심해진 듯하였다. 결과적으로 그는 점점 더 우울해지고,

두려움에 떨며 무기력해졌다.

이 환자는 종교가 없는 환자였기에 심호흡과 '하나 one'라는 만트라를 권하였다. 그러나 이 사람은 자기가 마음먹은 것은 무엇이나 이루어낼 수 있다는 확고한 믿음을 가지고 있는 사람으로, 젊은 나이에 기업의 과장까지 올라갈 정도로 성공한 사람이었다. 따라서 그에게는 '성공 succeed'이라는 단어를 만트라로 정해 주었다. 이 사람의 경우에는 '성공'이라는 만트라가 자신 내면의 강인한 힘과 자신의 가능성에 대한 믿음으로 '신념요인'이 될 수 있다.

그가 명상을 시작하자마자 무기력과 절망감이 해소되어 가면서 통증에 대한 두려움도 줄어들게 되었다. 명상을 계속하면서 삶의 다른 면에서도 더욱 적극적으로 임하게 되었다. 또한 통증이 찾아올 때마다 명상을 하니까 견디기가 훨씬 쉬워진다는 사실도 알게 되었다. 통증이 완전히 사라진 것은 아니었지만 더 이상 통증이 자신의 삶을 지배하지 않게 되었다. 이 정도까지 발전하는 데 12주 정도가 걸렸다.

③ 순환기계 질환

협심증이나 고혈압과 같은 순환기계 질환에도 신념요인이 효과적인 것으로 잘 알려져 있다. 협심증으로 시달리던 60세의 여성 환자가 있었다. 이 환자는 많은 종류의 약을 복용했지만 여전히 하루

에도 서너 번씩 협심증이 발작했기 때문에 정상적인 생활은 거의 할 수가 없어 계속 침대에 누워 있어야만 할 처지였다. 이 환자는 독실한 기독교신자였으므로 만트라로 '주께서 구원하시리라'를 선택하게 하였다.

이 기도문을 명상의 초점 문구로 잡아 하루 두 차례씩 이완반응 명상을 시켰더니 곧 마음의 평화와 안정을 얻게 되었다. 이 환자는 심장병이 너무 심각하였기 때문에 여전히 약물을 복용해야 했지만 이젠 더 이상 협심증으로 고통 받지는 않았다.

이번에는 고혈압으로 고생하는 44세의 변호사의 사례이다.

이 사람은 혈압 검사에 대한 공포증을 가지고 있어서 혈압을 재려고 밴드를 팔에 감기만 해도 혈압이 올라갔다. 초진 때 혈압이 180/110으로 상당히 높았다. 더구나 혈압 약도 제대로 듣지 않는 듯했다. 이 사람은 조깅이 모든 문제를 해결해 줄 것으로 믿는 조깅 예찬론자였다. 그래서 조깅을 할 때 발걸음에 맞춰 '하나, 둘, 하나, 둘' 발걸음의 리듬을 닻으로 삼아 한 번에 10여 분 마음을 집중하도록 하였다. 3주 만에 혈압이 140/90으로 떨어졌고, 12주가 지나자 120/80으로 완전히 정상 상태로 돌아왔다.

④ 기타 질환

이완 명상은 암 환자들에게도 스트레스의 악순환을 벗어나게 하여 병을 이겨내는 데 도움을 줄 수 있다. 항암제 복용의 부작용으로 나타나는 메스꺼움과 구토를 이겨내는 데 이완명상은 도움을 준다.

암에 걸려 항암제를 복용하여야 하는 환자가 있다. 이 환자는 항암 치료를 해야 하는 날이 다가오면 긴장과 불안에 떨었고, 치료를 받는 중에 또 그 이후에도 기절을 하거나 구토를 하고, 계속 메스꺼움에 시달려야 했다. 호흡명상을 여러 차례 했더니 이 같은 부작용이 한결 줄어들게 되었다. 이 환자는 항암제 주사를 맞는 중에 호흡명상을 했더니 한결 마음이 편안해졌다.

명상은 콜레스테롤 수치를 낮추는 데도 효과가 있다. 이완반응을 야기하는 명상 기법의 하나인 초월명상TM을 적용한 결과, 혈중 콜레스테롤 수치가 현저히 떨어졌다는 보고도 있다. TM명상을 한 환자들 가운데 많게는 35퍼센트까지 콜레스테롤 수치가 내려갔다.

3

마음챙김 명상의 임상효과

최근 마음챙김 명상MBSR으로 건강과 삶의 질이 개선된다는 연구 결과가 쏟아져 나오고 있다. 만성통증, 불안, 우울, 건선, 근섬

유통, 암 등에 이르기까지 다양한 질병에 효과가 있고, 삶의 질이 개선된다고 한다. MBSR의 의학적 효과는 앞서 본 집중명상의 임상적 효과와 거의 유사하다. 그러나 MBSR은 명상 실천과 더불어 평소 다음과 같은 일곱 가지 마음챙김 태도를 기르는 것을 강조한다. 그 요점을 정리하면,

첫째, 판단하지 않는다, 둘째, 인내심을 갖는다, 셋째, 초심을 유지한다, 넷째, 믿음을 갖는다, 다섯째, 지나치게 애쓰지 않는다, 여섯째, 수용한다, 일곱째, 내려놓는다는 것이다.

이렇게 일곱 가지 태도를 일상의 삶 속에서 줄기차게 실천해 가는 것이 건강은 물론 삶을 지혜롭게 하는 데 큰 도움이 된다.

마음챙김 명상을 하면 다음과 같은 질병과 삶이 개선된다는 임상 논문이 많이 나와 있다.

◗ 두통, 편두통, 요통, 견비통 등의 만성 통증의 증후가 개선된다.
◗ 불안증후군과 공포 또는 공황 증후가 개선된다.
◗ 우울증의 증후가 개선되고 재발률이 낮아진다.
◗ 유방암과 전립선암 등의 암 환자의 스트레스를 경감시킴으로 면역 수치가 증가되어 예후를 좋게 한다.
◗ 암 환자의 우울증 또는 불면증 등 심리적 증세가 개선된다.

◑ 비만을 야기하는 대식증, 류마치즘, 섬유근통증, 건선 등의
피부병의 치료에 효과적이다.

위에 든 스트레스 관련 환자의 증후 개선 외에 일반인의 삶도 개
선된다. 이 경우는 학생, 주부, 연구원, 의사, 교수들을 대상으로
한 필자 등의 연구에서 관찰된 것이다. 즉,

◑ 우울과 불안이 유의미하게 감소되고,
◑ 자기 통제력과 자기 수용성이 유의미하게 증가되고,
◑ 믿음, 영성spirituality과 공감empathy 능력이 증가하며,
◑ 대인관계, 강박증, 적개심, 공포감, 신체화 지수 등이 유의미
하게 개선되고,
◑ 긍정적 감정은 증가하고 부정적 감정은 감소된다.
◑ 전반적으로 삶이 즐겁고 행복하다고 느끼는 등 WHO가 개발
한 삶의 질 척도 검사에서 삶의 질이 유의미하게 증가된다.

이와 같이 명상은 각종 마음과 신체의 증후나 질병을 개선 하는
데 큰 효과가 있다. 가장 중요한 것은 명상수련으로 인해 매사를
따지고 판단하고 짜증내는 조급한 태도를 버리게 되고, 넉넉한 마
음으로 인내하고, 있는 그대로 받아들이고, 지나치게 애쓰지 않고,

     스트레스는 나의 힘

집착하던 대상을 내려놓는 등 삶의 자세가 수용적으로 바뀌기 때문에 긍정적 변화가 일어나는 것이다.

질병에 맞서 애써 싸워 이기려고 하면 더욱 심한 고통의 질곡 속으로 빠져든다. 오히려 삶은 고통이요, 이 삶의 고통은 피할 수 없는 것으로, 이 고통 자체가 삶이라고 넉넉하게 수용할 때 고통의 악순환 고리에서 빠져나올 수 있는 것이다.

4
명상이 심신 치유를 가능하게 하는 이유

앞서 본 것처럼 MBSR이 스트레스에 기인하는 각종 만성병의 치유에 탁월한 효과가 있다는 것이 의학적으로 입증되었다. 때문에 미국을 비롯한 서방 세계에 통합의학 또는 보완대체의학의 주류로 자리매김하고 있다. 그러면 어떤 치유 메커니즘을 통해서 MBSR의 치유 효과가 일어나는 것일까?

1) 명상이 마음과 몸을 연결시키는 훈련을 강화함으로 자연치유가 일어난다

오늘날 만연하는 만성병 또는 스트레스 관련 질병은 마음과 몸의 관계가 단절되어 몸은 몸대로, 마음은 마음대로, 제각기 제멋대로 작용하기 때문에 일어나는 것으로 볼 수 있다. 예컨대 분노(화)와 같은 감정을 표현하지 못하고 계속 억압만 하면 몸에 이상이 생기는데 이것이 '화병' 또는 '울화병'이 된다. 반면 억압된 감정을 적절하게 표출(표현)하게 되면 감정의 카타르시스가 일어나 기분이 좋아질 뿐 아니라 신체의 기능도 개선된다. 억압된 감정을 표현하는 것이 심리치료의 핵심이다. 신바람 또는 신명나는 놀이가 심리치료 효과가 있다는 것은 바로 억압된 감정의 표출을 도와주기 때문인 것이다.

그러나 억압된 감정을 표출하는 방법이 건강하지 않으면 주변 인간관계에 문제가 발생하게 된다. 사소한 인간관계의 갈등에서부터 반사회적 범죄까지 감정표출의 방법이 잘못되어 생긴 일이 아닌가. 그런 까닭에 감정을 부당하게 참거나 억압하지 않고 잘 조절하여 건강한 방식으로 표출해야 억압된 감정들이 일으키는 부작용을 예방할 수 있을 것이다. 그러므로 명상은 바로 인류가 발견해 낸 가장 오래되고도 훌륭한 자기감정 조절수련이라 할 수 있을 것이다.

몸이 긴장하고 피곤한 것을 알아차리지 못하고 일방적으로 억압하여 밀어붙이기만 한다면 피로가 쌓여 결국 만성피로증후군, 대사장애증후군 따위를 낳게 된다. 마음이 몸의 피로를 알아차리지 못하는 것은 몸의 상태에 대해 주의를 기울이지 않았기 때문이다. 이처럼 마음의 몸에 대한 부주의disattention는 심신의 단절disconnection을 낳게 되고, 이 심신의 단절은 심신작용의 조화로운 조절능력을 파괴하여 결국 심신작용이 무질서disorder한 상태로 된다. 이 무질서가 끝내는 몸과 마음이 편치 않은 질병disease을 낳게 된다. 다시 말해 마음이 몸의 상태에 대해 무관심부주의함으로써 마음과 몸의 유기적 관계가 단절되고, 이 마음과 몸의 단절이 곧 심신작용의 부조절을 낳게 되고 나아가 이 마음과 몸의 부조절이 마음은 마음대로, 몸은 몸대로 작용하는 무질서disorder를 불러와 결국에는 마음과 몸이 편치 않은 질병disease이 된다는 것이다. 이러한 부주의로 파생된 일련의 과정이 만성병 또는 스트레스 관련 질병의 발생 메커니즘이다.

그러면 반대로, 마음과 몸의 부조절에 의한 병을 어떻게 치료할 것인가? 그것은 앞서 든 질병 발생 과정을 원초적으로 차단하는 방법으로 가능하다. 다시 말해 마음챙김 명상을 통해 자신의 몸에서 일어나는 미세한 신체작용이나 감각과정과 자신의 마음에서 일어나는 감정이나 생각들에 대해 주의를 기울여 알아차림 하게 되면 마음과 몸의 단절로부터 연결로 돌아오게 되고, 이렇게 심신이 연결되면 마음과 몸의 작용이 무질서 상태에서 질서 상태로 돌아올 것이고, 마음과 몸 사이의 질서가 잡히면 아프던 것이 편안하게 되어 건강을 회복하게 된다.

우리는 자기 자신의 몸에서 파생하는 불편한 신호를 잘 알아차리지 못하여 결국 마음과 몸의 단절, 부조절, 무질서 그리고 질병 상태까지 이르게 된다. 신체로부터 보내오는 경고신호에 주의를 기울이지 못하는 주된 이유는 억압이라는 자아방어기제 때문이다. 이렇듯 감정을 많이 억압하는 사람일수록 뇌파, 근전도, 그리고 심혈관계의 흥분성이 증가하여 심혈관 장애가 잘 생긴다는 이론도 있다. 아마 이 이론대로라면 감정 억압이 심했던 조선시대의 여인들이 '화병'에 잘 걸렸다는 이유나 한국인이 위암, 위궤양 등 소화기 질환에 특히 취약하다는 이유를 알 만하다.

따라서 마음챙김 명상처럼, 지금 이곳에서 일어나고 있는 현상, 다시 말해 지금 이 순간 나에게서 일어나고 있는 감각적·감정적·인지적 또는 행동적 반응들에 대한 자기 탐지력과 자각력이 증가되면 자기 조절 능력이 증가되어 건강해질 것임은 자명하다.

2) 알아차림 능력이 커지면 존재의 주인공이 된다

명상을 통해 주의집중 하는 능력이 늘어나면 치유 능력 또한 늘어난다. 우리의 마음은 지금 이곳에 머물러 있지 않으려 하고, 이미 지나가 버린 과거나 아직 오지 않은 미래로 빠져들려 한다. 마음챙김은 이처럼 과거 또는 미래 그리고 이곳저곳으로 정처 없이

　　　　　　　　　　스트레스는 나의 힘

방황하는 마음을 바로 이곳으로 데리고 오는 것이다.

어떤 형태의 에너지이건 한 곳에 집중하여 모이면 엄청난 힘이 생긴다. 비유컨대 볼록 렌즈를 통과한 빛을 한 곳에 초점화시키면 금방 불이 붙을 정도로 에너지가 응집된다. 마음이 심란하면 힘이 없던 것이 마음을 집중하면 엄청난 힘이 생기는 이 이치를 옛 사람들은 정신일도精神一到하면 하사불성何事不成이라 하지 않았던가? 따라서 명상을 통해 주의 집중력을 키우면 엄청난 치유력이 발생하는 것이다.

치유가 일어나는 메커니즘은 사람에 따라 다소 차이를 보인다. 문제질병가 일어나는 과정이 사람에 따라 다르듯이 치유의 과정도 개인에 따라 차이가 나는 것이다. 따라서 사람마다 그 사람에게 알맞은 적합한 명상 방법이 따로 있을 수 있고, 명상 체험도 고유할 수 있다. 그러므로 어떤 한 가지 명상 방법만을 유일하고 적합한 것이라고 말하는 것은 타당치 않다. 어떤 명상법이든 결국 흔들리는 마음을 지금 이곳 나의 존재 쪽으로 모으는 것이므로 한 개인이라 할지라도 앉아 있을 때, 누워 있을 때, 걸어갈 때, 무엇을 먹을 때, 서 있을 때 등등 상황에 따라 각기 그 상황에 적합한 명상법을 선택하는 것이 좋을 것이다.

"비록 어디에 가 있든지 있는 그곳에 주인공이 되면마음을 모아 집중하면, 있는 그 자리가 모두 존재의 자리이다〔隨處作主 立處皆眞〕."라고 한 『임제록』의 가르침이나, "비록 당신이 어디에 가 있거나 그곳에 당신이 존재한다wherever you go, there you are"라고 한 MBSR의 개발자인 존 카밧진의 말처럼 바로 어디에 가든 그곳에 마음챙겨 주인공이 되라는 뜻이다. 마음챙김을 통해 존재의 주인공이 되면 공상과 혼미라는 괴로움의 바다에 빠져 허우적거리는 상황에서 벗어나 참나의 주인공이 되는 치유에 이르는 것이다.

3) 자기반응에 대한 탐지력의 증가 _{나는 내 체험의 관찰자!}

마음챙김이란 지금 이곳에서 일어나고 있는 현상들을 관찰하는 마음훈련이다. 이런 관찰에서는 관찰하는 나, 즉 관찰자아觀察自我와 반응하는 나, 즉 체험자아體驗自我로 나누어진다. 다시 말해 인식하는 자기, 즉 인식주체와 체험반응하는 자기, 즉 인식객체로 나누어진다.

평소 우리는 관찰자아와 체험자아를 구분하지 않는다. 다시 말해 인식의 주체인 '내'가 지금 밥을 먹는 체험을 하고 있는 '나'를 구분하여 알아차림 하지 않는다. 그래서 오직 밥 먹는 반응에 빠져 있는 '나'에게만 함몰되어 있다. 또한 비록 나를 살펴 바라보는 경우라 하더라도 과거에 좋았던 일이나 슬펐던 일, 불쾌하고 고통스런 일이나 또는 아직 일어나지 않은 미래의 환상적인 일에 대해서만 함몰되어 있을 뿐 지금 이곳에서 생생하게 전개되고 있는 일에

 스트레스는 나의 힘

대해서는 관찰하지 않는다. 이처럼 우리는 인식주체로서의 나와 인식객체로서의 나 사이에 명확한 구분 없이 동일한 것으로 생각한다. 따라서 순간순간 경험하는 체험에만 함몰되어 살아가게 된다.

그러나 지금 여기서 일어나고 있는 경험을 알아차림 하는 명상을 수련하게 되면 인식주체와 인식객체가 분리되어 체험^{경험}하는 나를 인식하는 내가 바라볼 수 있게 되어 체험 자체에 함몰되어 끌려가지 않고 나를 바라볼 수 있게 된다. 따라서 순간순간 경험하는 정서 경험에 따라 자동적으로 반응해 왔던 반사적 행동이 줄어들고, 고요한 상태에서 자신이 체험하는 반응^{정서, 욕망}을 객관적으로 관찰할 수 있게 된다. 이렇게 시시각각으로 변화하는 마음의 현상을 즉각즉각 알아차림 함으로써 하나하나의 반응에 반사적으로 휘말려 반응하지 않고, 평정한 마음 상태를 잘 유지해 나갈 수 있다.

4) 심신의 변화 현상에 대한 관찰력의 증가 나는 내 심신변화의 관찰자!

마음챙김 명상은 자기 몸의 미세한 감각적·동작적 변화와 다양한 감정과 욕망의 분출, 그리고 수많은 생각들의 오고감을 알아차림 하는 훈련이다. 이러한 훈련을 통해 몸과 마음에서 일어나는 미묘한 변화들을 알아차림 해 나감으로써 자신을 보다 투명하고 명료하게 인식할 수 있게 한다. 우리는 일상생활을 하는 동안 자신의 몸과 마음속에서 일어나는 감각·감정·욕망·생각들의 변화에 별다른 관심을 두지 않고, 오직 외부세계에서 일어나는 자극이나 사태에 대해서만 주의를 기울인다. 비록 자기 자신에 대한 주의를 기울이는 경우라 하더라도 과거에 발생했던 일이나 미래에 일어날 수 있을 것으로 기대되는 일에만 관심을 두기 때문에 우리의 마음속은 언제나 과거와 미래 사이를 오가느라 산만하다.

그러나 마음챙김 명상은 누워 있을 때나, 앉아 있을 때나, 걷고 있을 때나, 음식을 먹고 있을 때나, 호흡을 하고 있을 때나, 기타 어떤 일을 하거나 외부세계의 자극이나 사태와 내부세계의 감각·감정·욕망·생각들의 미세한 변화를 현재와 관계지어 세밀하게 알아차림 하는 것을 강조한다. 따라서 끊임없이 외부세계로 향해 달아나려고 하는 의식을 지금 이곳 바로 나에게서 전개되고 있는 나의 내면세계로 돌려 알아차림할 것을 강조하는 '불취외상不取外相', '자심반조自心返照'라는 가르침이기도 하다.

이처럼 자기 내면세계에 대한 알아차림 능력이 커지면 몇 가지 심리적인 변화가 일어난다. 가장 큰 변화로서 자기 자신의 경험에 대한 알아차림은 자기 이해를 더욱 깊게 하여 통찰력을 키우게 한다. 즉 감정, 욕망, 또는 사고와 같은 억압된 무의식세계를 의식세계로 끌어올리는 과정을 통해 통찰이 이루어지고 이 통찰 과정을 통해 자기 치유가 일어나는 것이다. 프로이트에 의하면 우리의 정신작용에 영향을 미치는 많은 심리적 세계는 '억압repression'이라

는 자아방어기제에 의해 의식 선상으로 떠오르지 못하게 함으로
무의식세계 속에 잠복되어 있다는 것이다.

따라서 의식을 통한 자기 이해라는 것은 매우 피상적이고 제한
되어 있어 빙산의 일각에 불과한 부분적 이해일 뿐이다. 그러나 자
기의 내면 경험에 대해 알아차림을 계속하면 무의식적으로 자동화
되어 버렸던 심리적 과정에 대한 알아차림이 새롭게 이루어지는
데, 이것이 바로 무의식의 의식화이고 심리치료인 것이다.

마음챙김 명상을 통해 통증이나 불안과 관련된 생각을 어떤 판
단도 없이 순순하게 알아차림 하게 되면 그러한 생각은 실재하는
현실이 아니라 '단지 생각에 불과할 뿐'이라 받아들이게 된다. 그
러므로 통증이나 불안을 회피하려 하거나 제거하기 위한 헛된 행
동을 더 이상 되풀이 하지 않는다. 이처럼 무의식의 창고 속에 억
압되어 자각되지 못한 채 반복되어 왔던 부적응적 활동이나 생각
에 대한 새로운 자각이 일어나서 심리치유가 이루어지는 것이다.

5) 비판단적 태도의 함양과 수용성의 증가

마음챙김 명상에서 중요한 태도로 간주하는 비판단적 태도와 수
용적 태도를 기르게 되면 치유능력이 커진다. 비판단적 수용태도
란 지금 체험하고 있는 경험에 대해 어떤 해석도, 판단도 없이 있
는 그대로 느끼고 받아들인다는 것이다. 이런 넉넉한 태도란 지금

체험하고 있는 경험들에 대해 마음을 열어 솔직하고 여유 있게 수용하는 태도를 말한다.

우리는 일상적인 체험을 몇 가지 범주로 나누어 마음에 드는 것은 수용하고 그렇지 못한 것은 배척한다. 이러한 판단적인 선별 태도는 우리의 내면 속에 깊이 스며들어 있어서 우리의 감정, 사고, 태도 등을 결정한다. 그래서 마음에 들 때는 무조건적으로 받아들이거나 맹목적으로 따르면서도 마음에 들지 않으면 실망감과 적개심을 느끼면서 무조건적으로 거부한다.

마음챙김 명상은 이러한 판단적이고 선택적인 태도에서 벗어나 있는 그대로 수용하여 알아차림 하도록 한다. 이러한 수용적인 태도는 자기 이해를 확대하고 자기 수용의 범위를 넓히게 된다. 이러한 편견 없는 순수한 마음과 넉넉하고 관용적인 태도를 기르는 것이 바로 자기 치유 능력을 키우는 것이다.

6) 행동하는 양상에서 존재하는 양상으로의 변화

끝으로, 마음챙김 명상은 행동하는 양상으로부터 존재하는 양상으로 바뀌게 하는 마음수련이다. 삶의 양상은 행동하는 양상doing mode과 존재하는 양상being mode으로 나뉜다. 행동하는 양상이란 목표 지향적이고, 목표의 성취를 위해 행동에 몰두하는 것을 일컫는다. 현실과 목표 간에 괴리를 느낄 때 불안이 발생하기 때문에 그 간격을 메우기 위해 행동양상이 촉발한다. 그리하여 행동양상으로 살아가는 사람들은 자기가 목표로 정한 상태에 이르지 못한다고 느낄 때 불안감이 생기므로 이를 줄이기 위해 서둘러 행동하게 된다. 행동양상은 자동적이고 반사적인 양상이어서 지금 이곳에 마음이 머무르지 못하고 과거로 갔다가 미래로 가는 등 끝없이 분주하게 마음이 움직인다.

한편 존재양상은 지금 이곳에 마음을 지긋하게 모아 존재를 지향할 뿐 특정한 목표를 지향하지 않는다. 존재양상에서는 목표 성취와 관련하여 좌절감이나 불안감을 느끼지 않으며, 상대와 비교하거나 판단하거나 평가해야 할 필요성을 느끼지 않으므로 괴리감, 죄의식, 또는 열등감도 느끼지 않는다. 존재양상에서는 오직 지금 이곳에 머무르면서 순간순간 일어나는 경험들을 알아차리는데 역점을 둘 뿐이다.

존재의 양상으로 마음이 머물게 되면 감각이나 감정과 사고는 잠깐 동안 나타났다가 금방 사라져 버리는 '덧없는 현상'에 불과하다는 것을 알게 된다. 그러므로 잠깐 나타났다가 금방 사라져버리는 마음에 매달리거나 애써 붙잡아 보겠다는 노력이 불필요하고 어리석은 짓이라는 것을 알게 되므로 이런 것들에 매달려 안달하지 않는다. 이처럼 우리가 체험하는 현상들은 영속적으로 지속되는 불변하는 것이 아니라 뜬구름이나 거품 같은 일과성 현상에 불과한 '덧없는 것'으로 바라볼 수 있게 되어 매달려 안달하는 삶으로부터 넉넉한 삶으로 바뀌게 되는데, 이것이 바로 자기 치유인 것이다.

| 참 고 문 헌 |

권석만 (2006). 위빠사나 명상의 심리치유적 기능. '불교와 심리 심포지움' 발표 논문,
    서울불교대학원대학교, 1, 9-50.
변광호, 장현갑 (2005). 스트레스와 심신의학. 서울: 학지사.
이동식 (2008). 도정신치료 입문. 서울: 한강수.
장현갑, 강성군 (1996). 스트레스와 정신건강. 서울: 학지사.
장현갑, 김정모, 배재홍(2007). 한국형 마음챙김 명상에 기반한 스트레스 감소 프로그
    램의 개발과 SCL-90-R로 본 효과성 검증. 한국심리학회지: 건강, 12, 833-850.
장현갑, 변광호 (2005). 몸의 병을 고치려면 마음부터 다스려라. 서울: 학지사.
장현갑 (2004). 스트레스 관련 질병 치료에 대한 명상의 적용. 한국심리학회지: 건강,
    9, 471-492.
장현갑 (2007). 마음챙김. 서울: 미다스북스.
장현갑, 허동규, 안상섭 (2008). 만성병 예방과 치유를 위한 이완과 명상. 서울: 학지사.
장현갑 (2009). 마음 vs 뇌: 마음을 훈련하라! 뇌가 바뀐다. 서울: 불광출판사.

Ader, R., Felter, D., & Cohen, N. (eds). (1990). Psychoneuroimmunology(2nd ed).
    SanDiago; Academic Press.
Astin, J. A. (1997). Stress reduction through mindfulness meditation. Psychotherapy
    and Psychosomatics, 66, 97-106.
Bear, T. H. (Eds,) (2006). Mindfulness Based Treatment Approaches. New York:
    Academic Press.

Bear, R. (2003). Mindfulness Training as a clinical intervention: A conceptual and empirical review. Clinical Psychology: Science and Practice, 10, 125-142.

Begley, S. (2007). Train Your Mind, Change Your Brain. New York: Ballantine Books.

Baer, T. H. (Eds.). (2006). Mindfulness Based Treatment Approach. New York: Academic Press.

Benson, H. (1975). The Relaxation Response. New York: William Morrow.

Benson, H. (1984). Beyond the Relaxation Response: New York: Times Book(장현갑, 장주영, 김대곤 역: 과학명상법. 서울: 학지사, 2003).

Benson, H. & Stuart, E. M. (1992). The Wellness Book. New York: Fireside Book.

Benson, H. (2003). Breakout Principle. New York: Simon & Schuster(장현갑, 장주영 등 역 (2005). 나를 깨라, 그래야 산다. 서울: 학지사).

Benson, H. (2007). Clinical Training in Mind/Body Medicine. June, 20-29. Havard Medical School.

Borysenko, J. & Borysenko, M. (1896). Power of Mind to Heal. New York: Bantam Books(장현갑, 추선희 등 역(2005). 마음이 지닌 치유의 힘. 서울: 학지사).

Brantley (2003). Calming your Anxious Mind. Oakland: New Herbinger. Pub.

Carlson, L. E., Ursuliak, Z., Goodey, E., Angen, ., & Speca, M. (2001). The effects of a mindfulness meditation-based stress reduction program on mood and symptoms of stress in cancer outpatients: 6-month follow-up. Supportive Care in Cancer, 9, 112-123.

Carlson, L., Speca, M., Patel, K., & Goodey, E. (2004). Mindfulness-based stress reduction in relation to quality of life, mood, symptoms of stress and levels of cortisol, dehydroepiandrosterone sulfate(DHEAS) and melatonin in breast and prostate cancer outpatients. Psychoneuroendocrinology, 29(4), 448-474.

Davidson, R. (1976). The physiology of meditation and mystical states of Conciousness. Perspectives in Biology and Medicine, 19, 345-380.

Davidson, R. (2002). The Biological Consequences of Meditation. New York: Health Emotion Organization.

Davidson, R., & Harrington, A. (2002). Vision of Compassion. New York: Oxford University Press.

Delmonte, M. M. (1989). Literature review: Meditation, Unconscious and Psychosomatic Disorders. International Journal of Psychosomatics, 31, 172-180.

Esch, T., Fricchione, G., & Stefano, G. B. (2003). The therapeutic use of the relaxation response in stress-related disease. Medical Science Monitor, 9, 23-34.

Esch, T., Stefano, G. L., & Benson, H. (2002). Stress-related disease; A potential role for nitric oxid. Medical Science Monitor, 8, 103-118.

Fawzy, F. I., et al. (1990). A Structured Psychiatric Intervention for Cancer Patient: II, Changes over time in immunological measure. Archives of General Psychiatry, 49, 729-735.

Germer, C. K., Siegal, R. D., & Fulton, D. R. (2005). Mindfulness & Psychotherapy. New York: The guilford press.

Goleman, D. P. (1995). Mind Body Medicine. New York: Consumer Reports Book.

Goleman, D. P. (1995). Emotional Intelligence. New York: Bantam Books.

Hanson, R. (2009). Buddha's Brain. Oakland: New Harbinger pub.

Hayes, S. C., Strosahl, K., & Wilson, K. G. (1999). Accepatance and Commitment therapy. New York: Guilford Press.

Kabat-Zinn, J. (1990). Full Catarosphe Living. New York: Bantam Dell(장현갑, 김교헌, 김정호 (2010). 마음챙김 명상과 자기치유. 서울: 학지사).

Kabat-Zinn, J. (1994). Wherever you go, There you are: Mindfulness meditation in everyday life. New York: Hyperion.

Kabat-Zinn, J. (1995). The mindfulness meditation: Health benefits of an ancient Buddist practice. In D. Goleman & J. Gurin. (Eds.) Mind/Body Medicine. New York: Consumer Reports Book.

Khalsa, D. S. (1997). Brain Longevity. New York: Warner Books(장현갑 등 (2006). 치매예방과 뇌 장수법. 서울: 학지사).

Khalsa, D. S. (2001). Meditation as Medicine. New York: Simon & Schuster.

Kobasa, S. C., Maddi, S. R. & Kahn, S. (1982). Handiness and Health: A prospective study: Journal of Personality and Social Psychology, 1982, 42, 168-177.

Koenig, H. G. (2001). Healing Power of Faith. New York: Touchstone.

Lazar, S. W., Rush, G., Gollub, R. L., Fricchione, G. L., Khalsa, G. & Benson, H. (2000). Functional Brain Mapping of the Relaxation Response & Meditation. Neuro Report, 11, 1581-1585.

Ornish, D. (1990). Dr. Dean Ornish's Program for Reversing Heart Disease. New York: Random House(장현갑, 장주영(2003). '요가와 명상건강법' 서울: 석필).

Ornstein, R. (1999). The Healing Brain. New York: Major Books.

Reibel, D. K., Greeson, J. M., Brainard, G. C., & Rosenzweig, S. (2001). Mindfulness-based stress reduction and health-related quality of life in a heterogeneous patient population. General Hospital Psychiatry, 23, 183-192.

Roth, B., & Vreasor, T. (1997). Mindfulness meditation0based stress reduction: Experience with a bilingual inner-city program. Nurse Practitioner, 22, 150-176.

Salzberg, S., & Kabat-Zinn, J. (1997). Mindfulness as medicine. In D. Goleman(Ed.), Healing emotions: Conversation with the Dalai Lama on mindfulness, emotion, and health. Boston: Shambhala Pub.

Schwartz, G. E. (1983). Disregulation Theory and Disease: Application to Repression, Cerebral Disconnection Cardiovascular disorder hypothesis, International Review and Applied Psychology, 32, 95-118.

Schwartz, G. E. (1989). Disresulation Theory and Psychosomatic Disease: A system approach. Ins. Cheren(Ed.). Psychosomatic Medicine: Theory, Research, and Practice. New York: International uni press.

Segal, Z. V., Williams., & Feasdale, J. D. (2002). Mindfulness-Based Cognitive Therapy for Depression. New York: Guilford Press.

Selye, H. (1956). The Stress of Life. New York: McGraw-Hill.

Shapiro, S. L., Schwartz, G. E., & Bonner, G. (1998). Effects of mindfulness-based stress reduction on medical and premedical students. Journal of Behavioral Medicine, 21, 581-599.

Shapiro, S.,Bootzin, R., Figueredo, A., Lopez, A., & Schwartz, G. (2003). The efficacy of mindfulness-based stress reduction in the treatment of sleep disturbance in women with breast cancer: An exploratory Study. Journal of Psychosomatic Research, 54(1), 85-91.

Speca, M., Carlson, L. E., Goodey, E., & Angen, M. (2000). A randomized, wait-list controlled clinical trial: The effect of a mindfulness meditation-based stress reduction program on mood and symptoms of stress in cancer patients. Psychosomatic Medicine, 62, 613-622.

Stefano, G B., Friccione, G. L., Slingsby, & Benson, H. (2001). The placebo effect and the relaxation response; Neural processes and their coupling to constitute Nitric Oxide. Brain Research Review, 35, 1-19.

Wallace, R. K., & Benson, H. (1972). The Physiology of Meditation. Scientific American, 226, 84 90.

Williams, J. M. G., Teasdale, J. D., Segal, Z. V., & Soulsby, J. (2000). Mindfulness-based cognitive therapy reduces overgeneral autobiographical memory in formerly depressed patients. Journal of Abnormal Psychology, 109, 150-155.

Williams, K. A., Kolar, M. M., Reger, B. E., & Pearson, J. C. (2001). Evaluation of a wellness-based mindfulness stress reduction intervention: A controlled trial. American Journal of Health Promotion, 15, 422-432.

스트레스는 나의 힘

2010년 7월 1일 초판 1쇄 발행
2018년 6월 1일 초판 4쇄 발행

지은이   장현갑

발행인   박상근(彼弘)
편집인   류지호

펴낸 곳   불광출판사 03150 서울시 종로구 우정국로 45-13 3층
대표전화   02) 420-3200
편집부   02) 420-3300
팩시밀리   02) 420-3400
출판등록 1979. 10. 10(제300-2009-130호)

ISBN 978-89-7479-581-8 (03180)
값 14,000원